ヴァチカン物語

塩野七生　石鍋真澄 ほか

とんぼの本

新潮社

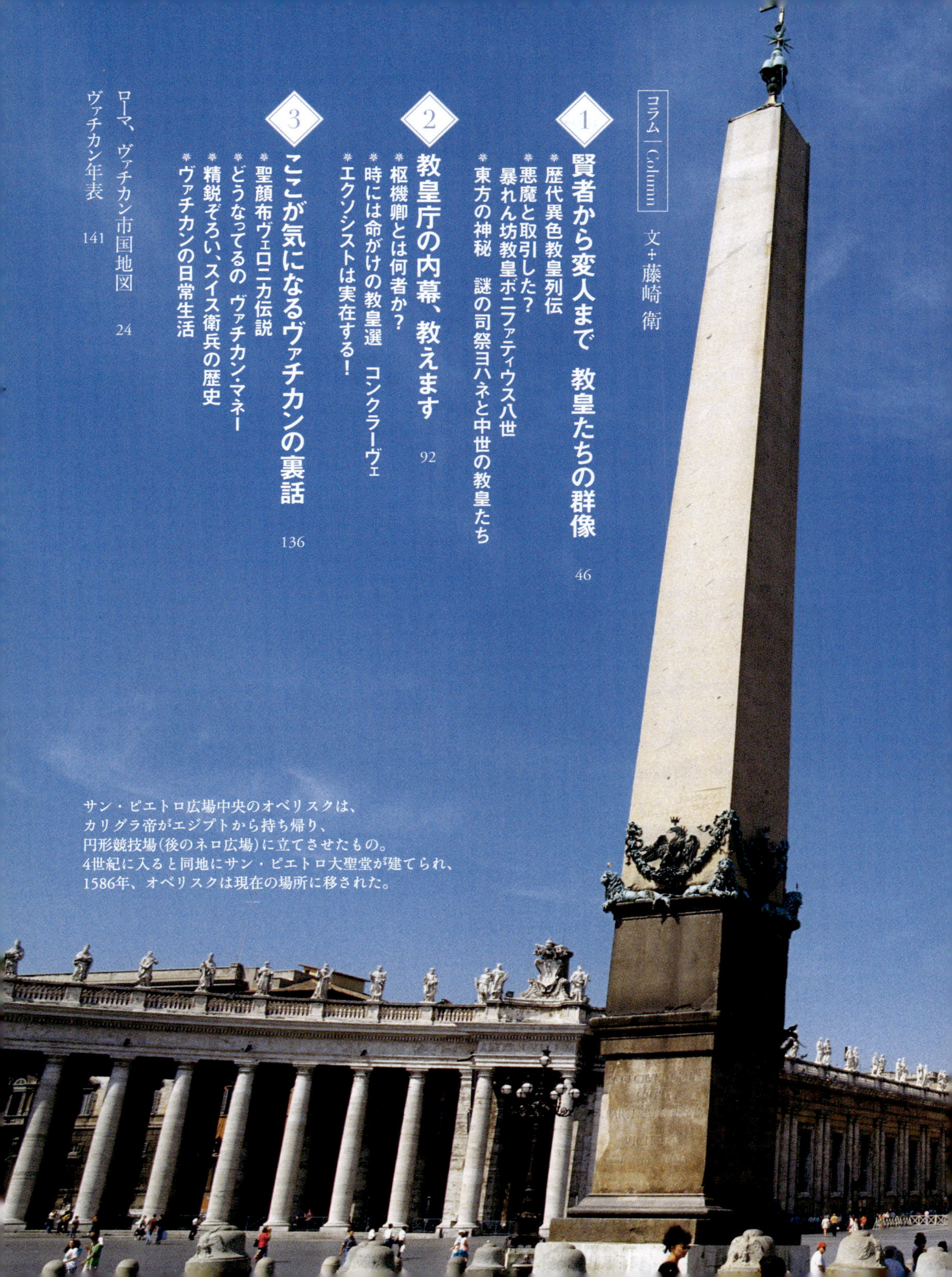

コラム｜Column

文＋藤崎 衛

サン・ピエトロ広場中央のオベリスクは、
カリグラ帝がエジプトから持ち帰り、
円形競技場（後のネロ広場）に立てさせたもの。
4世紀に入ると同地にサン・ピエトロ大聖堂が建てられ、
1586年、オベリスクは現在の場所に移された。

ローマの中心部から西へ向かい、テヴェレ河を渡る。
サン・ピエトロ大聖堂の威風堂々たるクーポラを目指して、
壮麗な柱廊に取り囲まれた
サン・ピエトロ広場に足を踏み入れれば、
そこはもうヴァチカン市国。
総面積わずか四四ヘクタール、世界最小の独立国家だ。
紀元六四年、殉教者にして初代教皇・
聖ペテロが葬られたこの地が
カトリックの総本山となっておよそ二〇〇〇年。
一〇億を超える信徒たちの聖地として、また、
歴代教皇と希代の芸術家たちが築き上げた
美の殿堂として、
世界中の人びとが焦がれてやまないこの国の、
歴史をたどり、芸術に酔いしれよう。

2010年12月25日サン・ピエトロ広場に
世界中から集まった信徒たちに向けて、
祝福を授けるベネディクト16世。

凡例：教皇名はラテン語名とする。ただし第2次世界大戦後の新しい教皇は慣例に従う。例：ヨハネ・パウロ2世、ベネディクト16世

ヴァチカンで考える

談＋塩野七生

人間にとって宗教とは何か、芸術とは何か——。
ローマに暮らし、「神の代理人」たちと
向き合ってきた作家が語る、
ヴァチカンの相貌。

ローマ市街よりテヴェレ河対岸の
ヴァチカン市国を望む。

煮ても焼いても食えない男たち

ヴァチカンすなわちカトリック教会が、なぜ二〇〇〇年も続いてきたか。それは、相矛盾する二つの車輪で動いているからだと思います。

車輪のひとつは、貧しい人や不幸な人に対する慈善活動（opera di carità）や布教活動（missione）。もうひとつは、数億の信者を擁する巨大な組織を運営する力。この両輪があるからこそ続くわけです。単なる組織としてならば、非難されても仕方のない点がたくさんありますが、もういっぽうで慈善活動を行っていることで非難を免れている。もちろん、慈善だけでも成り立たない。「一匹の迷える羊を探しに行く」というのがキリスト教の教えですが、ならば、残り九九匹はどうなるのか。まず組織という車輪が、九九匹の安全を確保する。残り一匹は、もう一つの車輪である慈善活動のほうで救う。それがヴァチカンのやり方なのです。

この両輪を使ったヴァチカンのクールな政治力。それはなかなかすごいと思います。日本人が何でも一本化しようとするからうまく行かないのと対照的です。

ルネサンス期の法王（教皇）たちに焦点をあてた『神の代理人』（一九七二年刊）を書いていた頃、ヴァチカンの古文書庫にはよく通っていました。ヴァチカンは史料の宝庫であり、美術館も含めて、非常にきちんと組織されていて、うまく機能しているのです。私の目的はただ「書く」ことではなく、昔の男たちや女たちを「生かす」ことですから、直筆で書かれた史料が非常に参考になる。ははあ、この人はこういう字を書いたのか、と。

古文書を読むのには熟練を要しますから、ある司教に手伝ってもらっていたのですが、その人が「今日はたくさんお勉強しましたから」と僧房でリキュールを飲ませてくれたり、超一流レストランでご馳走してくれた上に夜遊びに使うお小遣いまでくれたり。また別の枢機卿は「二〇代で社会主義者にならないのは馬鹿だが、四〇代になってもまだ社会主義者は馬鹿だ」なんて語る。なかなか味があるというか、ちょっとしたワルというか、煮ても焼いても食えな

左頁／サン・ピエトロ大聖堂にて毎週日曜に行われるミサ。

OMNES CHRISTI

い男たちがいるんですよ、ヴァチカンの中枢には。世襲ではない完璧な実力社会ですからね。だからこそ、時に農夫の息子が法王まで上りつめたりするわけです（一九五八〜六三年在位のヨハネ二三世など）。あれほど頭の良い人間が集まっている組織は他にはないですね。『神の代理人』ではルネサンス後期（一五世紀半ば〜一六世紀半ば）の四人の法王（ピオ二世／在位一四五八〜六四年、アレッサンドロ六世／在位一四九二〜一五〇三年、ジュリオ二世／在位一五〇三〜一三年、レオーネ一〇世／在位一五一三〜二一年）を採り上げましたが、私は彼らを宗教者として書いたわけではありません。あくまでも個人として、ひとつの組織のトップとして書きました。法王が窓際に立つと、集まった群集が歓声をあげますが、あれは法王という位に対してであって、個人に対してではない。日本の皇室だって同じでしょう。天皇という位に対して歓呼している。そうやって人々の敬愛を受けるわけですから、民衆に対する義務がある。その義務を果たさなければ、法王は務まりません。そういう観点から、私は法王を組織のトップとして書いたのです。

今の法王（ベネディクト一六世）も、一生懸命やっていると思いますよ。ドイツ語訛りのイタリア語はひどいけれど。法王というのはローマの司教ですから、第一にローマの信者のことを考えなければならない。だからイタリア語は必須なんです。

よく、作中のどの法王が好きかとか、どの皇帝が好きかなどと質問されることがありますが、私は歴史上の人物を自分に引き寄せて等身大に書くことはしません。私のほうから彼らのなるべく近くまで「行って」書くのです。どうやったらこの男たちを「生かす」ことができるかということだけを一生懸命考えて。だから、どの人物が好きかと言われても、答えられないですね。

今は『十字軍物語』で中世という時代を書いていますが、敬意を払った上で言えば、ヴァチカンは私にとって「敵」です。私にとって敵というのは、決して憎んではいないけれど、知らなくてはいけない存在。カトリック教会がどのような力を持ったかを知らないとヨーロッパの歴史は書けません。だから敵なんです。ただ、敵をつまらなく書くのは間違いです。つまらない奴を敵とすると自分の存在自体がつまらないものになってしまう。敵とするからには、やは

左頁／ヴァチカン古文書庫は学生や研究者に門戸を開いている。

MVNIF. PII. IX. P.M.
AN. XVIII

りそれなりのものでないと困るわけですから、相手にとって不足はない。

一神教と多神教

キリスト教の本山の近くに二〇年ほど住んでいますが、私は確信犯的に「非キリスト教者」です。我が家からテヴェレ河をわたればヴァチカンはすぐそこにある。しかし、私にとって、ヴァチカンは「神に近づく場所」ではまったくない。もちろん、神に近づこうとしている人、信仰を持っている人は尊重します。ですから教会を訪れたとしてもミサの間は遠慮するし、十字架を装飾に使うことは絶対にしません。では、私がキリスト教徒にならないのは、なぜか。

キリスト教会は、長い歴史の中で自らが犯してきた過ちを、何百年も経ってから、あれは過ちでしたと認めています。たとえば、一〇〇〇年前の十字軍、四〇〇年前のガリレオ・ガリレイの裁判がそうです。これほど重大な過ちを犯した場合、普通の組織であればトップが責任を問われてしかるべきでしょう。しかし、キリスト教では——同じ一神教であるイスラム教においてもおそらく——そういったことは起こりえない。なぜなら、法王は「神の代理人」なのですから。実際には枢機卿すなわち人間が法王を選出するのだけど、建前上、精霊の指図に従っていることになっているのですね。精霊とキリストと神は三位一体ですから、法王を代理人として選んだのは神である。神に過ちはあり得ないし、ましてや責任を問うことはできない……。こういう考えのもとに、キリスト教会はやってきた。そう考えると、キリスト教徒になりたいとはまったく思えないのです。

もうひとつ、私は学生時代、哲学を学びましたから、根本的なスピリットが違うのです。宗教はまず信じることから始まる。しかし、哲学はまず疑うことから始まる。そして冷静に観察した上で、自ら考えて判断を下す。これでは、キリスト教徒になれるわけがありません。

私は完全に古代ローマ的というか、多神教的な人間なのです。一神教と多神教の違いは、信じる神の数ではありません。他の神を信じている人の信仰を認めるかどうかの違いです。たと

右頁／足元のキューピッドはヴィーナスを守護神としたカエサルの家系を暗示する。
《プリマ・ポルタのアウグストゥス》
紀元前28〜27年頃　大理石　高204cm
ヴァチカン美術館

サン・ピエトロ広場の柱廊と
大聖堂ファサードには
140体もの聖人像がたたずむ。

えば、カエサルの家はヴィーナスが守護神でしたが、養子になったアウグストゥスはアポロンを信仰していた。私ならば、知の女神アテネ（ミネルヴァ）を信じますね。でもだからといって、軍神マルスの信者に対してあなたもアテネを信じなさい、とは決して言いません。

また、一神教では、神が、お前たちはこう生きよ、と命じます。しかし、多神教の場合は、自分たちで考えて生きる。お助けが必要になったら、その悩みにふさわしい神様を拝む。たとえば夫婦喧嘩を仲裁する神様であるとか。このように、倫理道徳の正し手としての神ではなく、守り神としての神の在り方は、日本の八《や》百万《およろず》の神に通じるものがあります。ところが、日本人は明治以降、西欧の一神教だけを宗教として学んでしまった結果、八百万の神は宗教じゃないんだと劣等感を持つようになった。そして、いつのまにか、キリスト教のような一神教の信仰を持っているほうが、何やら人間の格が上であるかのような宗教観が出来上がってしまった。これは世界史をちゃんと知らなかったためではないでしょうか。私がずっと書いてきたように、本来は西欧も、中世以前やルネサンスの時代は一神教ではなかったのです。

『クオ・ヴァディス』（ヘンリク・シェンケービッチ著の歴史小説）に、聖ペテロがネロの友人ペトロニウスのもとに行ってキリスト教の教えを説く場面があります。そこでペトロニウスは「あなたの言っていることは正しいであろう。しかし、僕は毒杯をあおって死ぬことができる。だから放っておいてくれ」と言う。宗教を必要としている人の存在は認めよう、しかし自分は必要としていない——。これこそ私の支持する多神教の考え方なのです。最近になって、カトリック教会は宗教の自由なんて言い始めていますが、未だにすべての宗教が同等である、とは言っていない。しかしそれは、一神教の傲慢ではないか。

とはいえ、同じキリスト教ならば、プロテスタントよりはカトリックの方が、バランスが取れていると私は思います。なぜなら、カトリックは聖職者というプロの階級を通して神と信者がつながっている。ところが、プロテスタントでは信者と神が直接つながりますから、プロ（聖職者）による調整が行われず、信者は「自分が聞きたいと思う神の声」を聞いてしまう。これは非常に危険なことです。私のもっとも嫌いな「狂信」へと暴走しかねない。

私が大学で卒論を書いた頃の日本の学会では「ルネサンスは宗教改革をしなかったから不完全な時代であった」という考えが主流でした。しかし、私は二〇年かけてルネサンスを書いてきて、「ルネサンスとは宗教改革をしなかったからこそ価値がある」といいたいですね。神と直接結ぶことがどれだけ危険か。たとえばホロコーストは、カトリック世界では起こりえなかった悲劇だと思います。

さらに、私はヨーロッパの思想史でいうライコ（laico 世俗主義者）です。これはルネサンス期に始まり、一八世紀の啓蒙主義の時代を経て産業革命期に確立した思想で、宗教を否定はしないが、宗教と政治経済は分けるという考え方です。ほかならぬキリストが言ったじゃないですか、「皇帝（カエサル）のものは皇帝（カエサル）に、神のものは神に」。これでいいんですよ。要するに中庸、あるいはバランス感覚をよしとする。さらに言えば、人間の世界って、ちょっとチャランポランなほうがバランスが取れて良いと思いますけどね。水清ければ魚棲まず、というでしょう。

『ローマ人の物語』にも書きましたが、キリスト教もローマを経由したために、ずいぶん寛容になったことは事実です。たとえば、キリスト教も最初はイスラム同様、偶像崇拝を禁止していたのですが、ローマではもともと彫像であるとか、何かしら拝む対象があるのに慣れていたものですから、結局、偶像崇拝を許可したんですね。その結果、芸術が大いに栄えることになった。おかげで、イスラムの本山と違って、ヴァチカンには美術品が山ほどあるわけです。

また、カトリックは、多神教における守り神的存在として、聖人を作った。しかも、聖人一人ずつに祝祭日を割り振りしていくと三六五日でも収まりきらなくなるほど大勢作った。その結果、万聖節（一一月一日）ができたのです。神よりも少し位が下の、身近な存在がいろいろいてくれたほうが、人間にとっては都合がいい。仏教だって菩薩とかたくさんいるでしょう。

ヴァチカンを訪れる人へ

『十字軍物語1』でも書いたことですが、サン・ピエトロ大聖堂に入っても入場料を払う必要はありません。ミケランジェロの最高傑作のひとつ《ピエタ》［82頁］をはじめ、数々の芸術作品が溢れているのに、です。ところが、収蔵されている美術品の多くは宗教芸術であるにもかかわらず、ヴァチカン美術館には入場料を払う必要がある。なぜなら、教会は神に近づく祈りの場であるけれど、美術館はそうではない、ということなのですね。そのためか、教会の前には物乞いがいる。物乞いに施しを与えるのは、信者にとっては善行を積むことになりますから、施された側だけでなく施した側も「ありがとう」と言うのが通例になっている。いっぽう、美術館の前には物乞いはいません。こうした点はあまり指摘されませんが、実は非常に本質的なことなのです。

サン・ピエトロ大聖堂は神に近づく場としては豪華過ぎるんじゃないかと批判した日本人がいましたが、ヨーロッパ人にとってのキリスト教の意味をわかっていない。教会は、洗礼から結婚からお葬式まで、あらゆる行事を行う共有の応接間のようなものなのです。たとえ家はみすぼらしくても、共有の場を美しく飾り立てたいと考えるのはごく自然なことでしょう。哲学と違って、宗教は人と一緒であることが大事ですから、豪華な美しい空間で賛美歌を聞きながらみんなで一緒に祈れば幸福感を覚える。信者でなくとも、サン・ピエトロ大聖堂を観たりミサに参加したりすれば感銘を受けるでしょう。すばらしいオペラを観るのと同じです。それは本来の宗教心とは違うかもしれませんが、何回も足を運んでいるうちにだんだんと神に近づいているのかもしれない。もし必要と感じたならば入信すればいいんです。

ヴァチカンは私にとって散歩道のひとつですからよく行きますが、たとえばシスティーナ礼拝堂［122頁］に入ると「ああ、ミケランジェロは三〇代でこれだけの仕事をよくやったなあ」と思います。今のイタリアを支えているのはミケランジェロやダ・ヴィンチらの芸術作品ですが、当時、ミケランジェロの報酬はたいした額ではなかった。一番高収入だったダ・ヴィンチの半分くらいで、ダ・ヴィンチの稼ぎだってメディチ銀行の収入に比べたら大いなる差です。文化芸術とは実に儲からないものなのだなあ、というようなことを考える。これでは宗教心は芽生えませんね。

日本人がヴァチカンを観るならば、ヴァチカンがこれまで何をやってきたかを、良いことも悪いこともしてきたんだということを踏まえて、その歴史を知った上で観るべきです。歴史というのは人間の所業ですから。今そこにあるものを見るだけではなくて、その中に漂う何かを感じなければ、本当に知ったことにはなりません。

信仰を持っているなら、毎日曜日の法王のミサに行くとか、祝祭日に訪れるのも良いでしょう。信者でないならば、コロッセオを観るのと同じように観れば良いと思います。人類の残した世界遺産という

上／ローマのサン・ルイージ・デイ・フランチェージ教会にて
カラヴァッジョによる聖マタイ三部作を観る。

意味では同じですから。ヴァチカンの広場のオベリスク［5頁］はカリギュラやネロの時代の競技場から持ってきたものですし、ヴァチカン美術館には、キリスト教芸術だけでなく古代ローマの彫像も並んでいるでしょう。

それから、ヴァチカンといっても、実は市国として区切られている地域だけではないんです。イタリアにある教会はすべてヴァチカン領なのです。小さいけれどほんとうにすばらしい教会がイタリア全土にはたくさんあります。ローマなら、たとえばカラヴァッジョの傑作があるサン・ルイージ・デイ・フランチェージ教会やサンタ・マリア・デル・ポポロ教会。これらもま

ヴァチカン美術館にあるティツィアーノ作品。
《聖母子と聖人たち》
1533〜35年　油彩、板　388×270cm

たヴァチカンの一部なのです。カラヴァッジョという画家は、礼拝堂にはおよそふさわしくない絵を平気で描きました。彼の作品は、たとえ静かな絵でもパワーがある。人なんぞ殺したりして、喧嘩っ早い男だったようですが。既成概念に挑戦する画家と、それをやらせるヴァチカンの度量。これがローマのすごいところです。

今は、インターネットですぐにあらゆる芸術作品が観られる時代ですが、それは単に情報を得るということに過ぎない。その点で、日本人は大いなる勘違いをしつつあると思います。情報を得ることと感ずることとは違うんです。芸術は感じなければだめ。それには、実物を観ることが肝要です。

『十字軍物語』でキリスト教世界とイスラム世界の両方を書いていて気づいたのですが、イスラム圏の独裁者の肖像画は往々にして巨大なだけで稚拙です。これは、イスラムが偶像崇拝を禁じてきた結果だと思いますが、彼らには現実を見る力がないのかな、とまで考えてしまいますね。人の顔ほど情報が多いものはありませんから、人の顔をきちんと描けるということは現実を観察する力があるということだと思うのです。私の好きな画家のひとりにティツィアーノがいますが、どうして好きかというと、まずうまい。この人の描いた肖像画を観ていると、いかに静かに、そして冷徹に対象を観察して描いていたかがわかる。そして、相当にイタリア的です。何といっても美しいじゃないですか。やはり美しいものが私は好きですね。人間を書くときだって、汚いところ、良くないところをほじくりだしていくよりも、美しいところ、良いところをまず観て、それから肉付けのために欠点を加えていくほうがいいでしょう。

私にとってのヴァチカンとは、このように、人間世界において宗教は、あるいは文化芸術はどんな意味を持つのか、といった諸々のことを考え、感じる場所なのです。

二〇一一年一月　ローマにて

ローマ
ROMA
国立近代美術館
Galleria Nazionale d'Arte Moderna
ボルゲーゼ公園
Villa Borghese
アルバーニ公園
Villa Albani
トルロニア公園
Villa Torlonia
ヴァチカン市国
CITTÀ DEL VATICANO
Piazza G. Mazzini
Viale Angelico
Viale delle Milizie
Viale Giulio Cesare
LEPANTO
OTTAVIANO
FLAMINIO
ピンチョの丘
Monte Pincio
Piazza di Siena
Ple. Brasile
Corso d'Italia
Piazza Alessandria
Piazza Galeno
Pza. Salerno
Via Salaria
Via Nomentana
Via Pinciana
ポポロ広場
Piazza del Popolo
RO-MUSEI VATICANI
Via Candia
Via Cola di Rienzo
Piazza del Risorgimento
アウグストゥス帝の霊廟
Mausoleo di Augusto
SPAGNA
トリニタ・デイ・モンティ聖堂
Trinità dei Monti
スペイン広場
Piazza di Spagna
ピア門
Porta Pia
Ple. di Porta Pia
CASTRO PRETORIO
POLICLINICO
Viale del Policlinico
サン・ピエトロ大聖堂
Basilica di San Pietro
Via Crescenzio
カヴール広場
Piazza Cavour
サンタンジェロ城
Castel S. Angelo
サン・ピエトロ広場
Piazza San Pietro
BARBERINI
サンタ・マリア・デリ・アンジェリ聖堂
Santa Maria degli Angeli
Piazza d. Repubblica
REPUBBLICA
ローマ大学
Sapienza Università di Roma
Viale Regina Elena
ヴァチカン駅
STAZ. VATICANA
サン・ルイージ・デイ・フランチェージ教会
Chiesa di San Luigi dei Francesi
p21
クィリナーレの丘
Colle Quirinale
Piazza Colonna
トレヴィの泉
Fontana di Trevi
TERMINI
テルミニ駅
STAZ. TERMINI
パンテオン
Pantheon
ヴィミナーレの丘
Colle Viminale
サンタ・マリア・マッジョーレ
Santa Maria Maggiore
p88
地下鉄A線
Corso Vittorio Emanuele II
ヴェネツィア広場
Piazza Venezia
VITTORIO EMANUELE
サン・ピエトロ駅
STAZ. S. PIETRO
エマヌエレ2世記念堂
Monumento a Vittorio Emanuele II
市庁舎
Pal. Senatorio
CAVOUR
トラヤヌス浴場
Terme di Traiano
LINEA-A
Parco Gianicolense
ジャニコロの丘
Colle Gianicolo
カピトリーノの丘
Monte Capitolino
COLOSSEO
フォロ・ロマーノ
Foro Romano
エスクィリーノの丘
Monte Esquilino
マッジョーレ門
Porta Maggiore
Piazzale G. Garibaldi
サンタ・マリア・イン・トラステヴェレ聖堂
Santa Maria in Trastevere
パラティーノの丘
Colle Palatino
コロッセオ
Colosseo
MANZONI
サンティ・ジョヴァンニ・エ・パオロ聖堂
Santi Giovanni e Paolo
Pza. di S. Giovanni in Laterano
ラテラノ宮殿
Palazzo del Laterano
Piazza S. Croce in Gerusalemme
サンタ・チェチリア・イン・トラステヴェレ聖堂
Santa Cecilia in Trastevere
チルコ・マッシモ
Circo Massimo
ドリア・パンフィーリ公園
Villa Doria Pamphilj
Piazza di Porta Portese
アヴェンティーノの丘
Monte Aventino
チェリオの丘
Monte Celio
S. GIOVANNI
サン・ジョヴァンニ・イン・ラテラーノ
San Giovanni in Laterano
p86
CIRCO MASSIMO
Fiume Tevere
テヴェレ河
Piazza R. Pilo
Piazza Ippolito Nievo
カラカラ浴場
Terme di Caracalla
RE DI ROMA
Piazza Tuscolo
PONTE LUNGO
Via Aurelia
Via Vitellia
Via Pio Foà
Via di Donna Olimpia
Circonvallazione Gianicolense
PIRAMIDE
Viale Giotto
オスティエンセ駅
STAZ. OSTIENSE
サン・セバスティアーノ門
Porta San Sebastiano
Via Latina
トラステベレ駅
STAZ. TRASTEVERE
Via del Porto Fluviale
Viale Marco Polo
Azienda Ospedaliera San Camillo-Forlanini
Circonvallazione Ostiense
GARBATELLA
ドミネ・クォ・ヴァディス教会
Chiesa del Domine quo vadis
Via della Caffarella
Via Appia Antica
地下鉄B線
LINEA-B
スチュステル・イルデフォンソ公園
Parco Schuster Ildefonso
Parrocchia S.Francesco Saverio
サレジオ教会
Ist. Salesiano
サン・パオロ・フオーリ・レ・ムーラ
San Paolo Fuori le Mura
p90
サン・カッリストのカタコンベ
Catacombe di San Callisto
Vicolo delle Sette Chiese
BASILICA SAN PAOLO
バジリカ・サン・パオロ駅
BASILICA SAN PAOLO
国際見本市
Fiera Campionaria
サン・セバスティアーノのカタコンベ
Catacombe di S.Sebastiano
ロムルスの廟
Mausoleo di Romolo
Via Giulio Aristide Sartorio
Via Ardeatina
Lungotevere Dante
Viale Guglielmo Marconi
Via Cristoforo Colombo
Via Attilio Ambrosini
MARCONI
Via Ostiense
Viale Pico della Mirandola
ミラノ
Milano
フィレンツェ
Firenze
イタリア
ITALIA
ナポリ
Napoli
Sardegna
ローマ
ROMA
Sicilia
N
0
1km

ヴァチカン市国
La Città del Vaticano

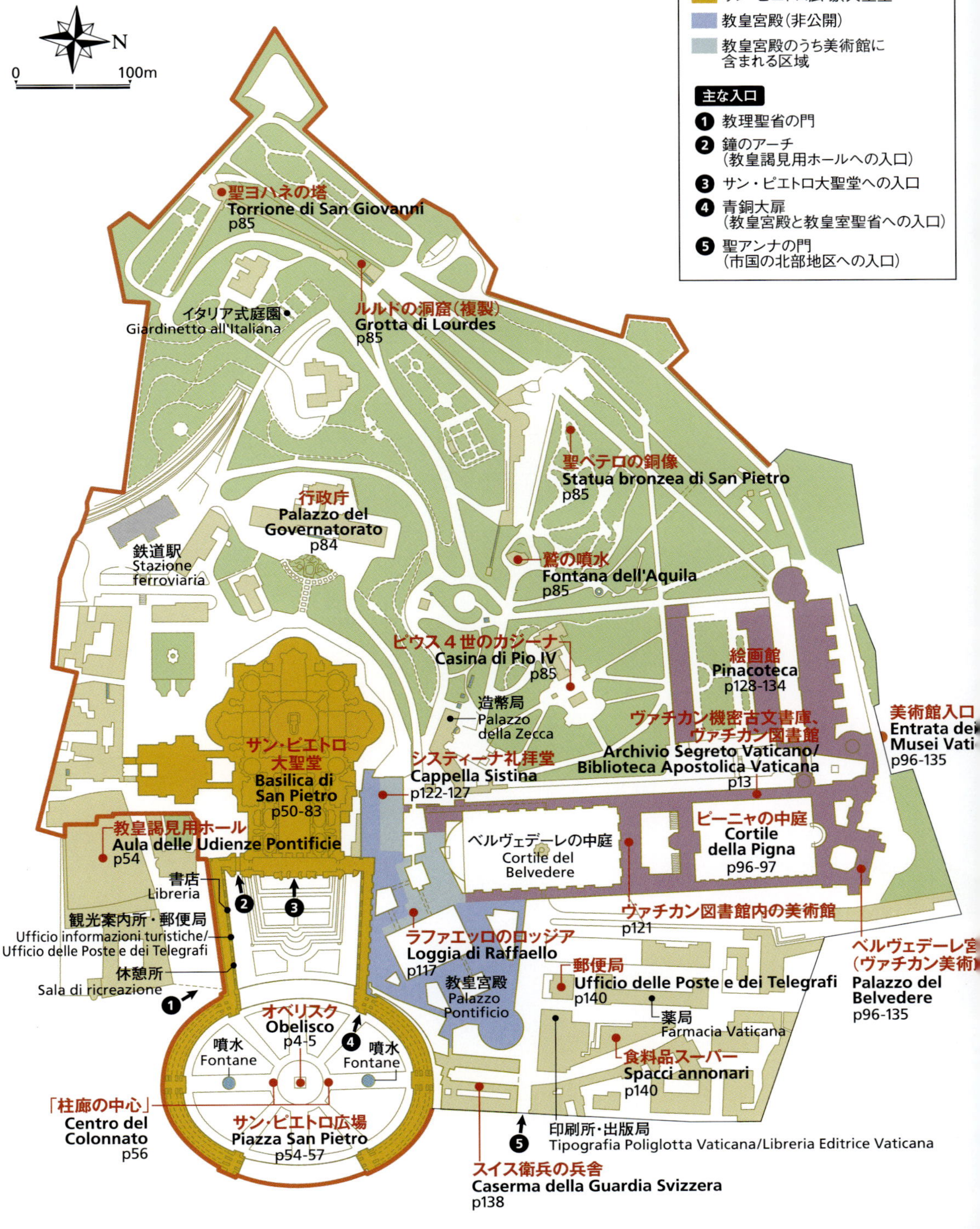
N
0
100m
庭園と市国内の建物
ヴァチカン美術館
サン・ピエトロ広場、大聖堂
教皇宮殿（非公開）
教皇宮殿のうち美術館に含まれる区域
主な入口
1 教理聖省の門
2 鐘のアーチ（教皇謁見用ホールへの入口）
3 サン・ピエトロ大聖堂への入口
4 青銅大扉（教皇宮殿と教皇室聖省への入口）
5 聖アンナの門（市国の北部地区への入口）
聖ヨハネの塔
Torrione di San Giovanni
p85
イタリア式庭園
Giardinetto all'Italiana
ルルドの洞窟（複製）
Grotta di Lourdes
p85
聖ペテロの銅像
Statua bronzea di San Pietro
p85
行政庁
Palazzo del Governatorato
p84
鉄道駅
Stazione ferroviaria
鷲の噴水
Fontana dell'Aquila
p85
ピウス４世のカジーナ
Casina di Pio IV
p85
絵画館
Pinacoteca
p128-134
造幣局
Palazzo della Zecca
美術館入口
Entrata dei Musei Vati
p96-135
ヴァチカン機密古文書庫、ヴァチカン図書館
Archivio Segreto Vaticano/
Biblioteca Apostolica Vaticana
p13
サン・ピエトロ大聖堂
Basilica di San Pietro
p50-83
システィーナ礼拝堂
Cappella Sistina
p122-127
教皇謁見用ホール
Aula delle Udienze Pontificie
p54
ピーニャの中庭
Cortile della Pigna
p96-97
ベルヴェデーレの中庭
Cortile del Belvedere
書店
Libreria
観光案内所・郵便局
Ufficio informazioni turistiche/
Ufficio delle Poste e dei Telegrafi
ヴァチカン図書館内の美術館
p121
ラファエッロのロッジア
Loggia di Raffaello
p117
ベルヴェデーレ宮
（ヴァチカン美術
Palazzo del Belvedere
p96-135
休憩所
Sala di ricreazione
郵便局
Ufficio delle Poste e dei Telegrafi
p140
教皇宮殿
Palazzo Pontificio
オベリスク
Obelisco
p4-5
薬局
Farmacia Vaticana
噴水
Fontane
噴水
Fontane
食料品スーパー
Spacci annonari
p140
「柱廊の中心」
Centro del Colonnato
p56
サン・ピエトロ広場
Piazza San Pietro
p54-57
印刷所・出版局
Tipografia Poliglotta Vaticana/Libreria Editrice Vaticana
スイス衛兵の兵舎
Caserma della Guardia Svizzera
p138

波乱万丈！ヴァチカン2000年史

文＋石鍋真澄

小さな聖地にやがて大聖堂が建てられ、
キリスト教の本山となった。
蛮族の侵入や世俗の王たちとの争い、
宗教改革の嵐、天才芸術家たちの活躍、
イタリア王国との反目から和解へ。
その成り立ちから現在に至るまで、
有為転変、波乱万丈の
ヴァチカンの歴史を一挙に振り返る！

サン・ピエトロ大聖堂クーポラから
サン・ピエトロ広場とローマの街並を望む。

ピンチョの丘からローマの街並と
サン・ピエトロ大聖堂を望む。

四百餘寺　羅馬《ローマ》の春ぞふけわたる
人は霞の夕暮れの丘

これは「荒城の月」作者、土井晩翠《ばんすい》の歌である。添え書きに「伊太利旅行の折」とあり、明治三四年（一九〇一）、晩翠三〇歳の作だという。傑作とはいえないだろうが、さすがに気宇の大きさが感じられる歌だと思う。

「四百餘寺」と、かなり具体的な数字をあげているところをみると、おそらく、晩翠はガイドブックを参照したのであろう。それに、当時のガイドブックにはしばしば「夕暮れ時に、ジャニコロの丘かピンチョの丘に登って、ローマの町の眺めを楽しむべし」と書いてあった。晩翠も素直にその忠告に従ったのにちがいない。この歌は、ピンチョの丘、それもスペイン階段の上のテラスからのローマの眺めを歌ったものではないだろうか。

夕暮れ時のピンチョの丘からの眺めは、いくつもの聖堂のクーポラがシルエットで浮かび上がる、すばらしいものである［上］。壮大なローマの歴史に思いを馳せ、ひととき旅の感傷に浸るには絶好の場所だ。そうしたクーポラのうち、遠く、しかしくっきりと見えるのが、われ

テヴェレ河をわたってサン・タンジェロ城へ。

われがめざすヴァチカンの、サン・ピエトロ大聖堂のクーポラである。

　ローマの中心部からヴァチカンに行くには、テヴェレ河をわたらなければならない。巨大なサン・タンジェロ城を前にしたサン・タンジェロ橋をわたると、左手にヴァチカンの顔、サン・ピエトロ大聖堂の威容が姿を現わす。そして、コンチリアツィオーネ通りを行くにつれて、サン・ピエトロ広場の劇場のような空間が開け、ヴァチカンの複雑な建物が視野に入ってくる。ベルニーニのコロンナート（柱廊）に囲まれた広場までくると、そこはすでにヴァチカン市国の領内である。

　ヴァチカン市国は、いうまでもなく世界で最小の領土をもつ国家である。広場や大聖堂、教皇宮殿や庭園、美術館や諸事務所、神学校などを含むヴァチカンの面積は四四ヘクタールで、サン・マリーノ共和国の一四〇分の一に過ぎない（ただし、ヴァチカン市国はそれ以外に、ローマ市内に点在するサン・ジョヴァンニ・イン・ラテラーノ聖堂［86〜87頁］、サン・パオロ・フオーリ・レ・ムーラ聖堂［90〜91頁］、サンタ・マリア・マッジョーレ聖堂［88〜89頁］の三聖堂のほか、ラテラン宮やカンチェレリーア宮、さらには郊外のカステル・ガンドルフォの夏の離宮など一三の建物の治外法権をもっている）。しかし、この小ささはむしろ逆説的だ。ここには今日、一〇億の信者を有する世界で最大の宗教団体の長、おそらく世界で最も影響力のある人物といえる教皇が住んでいるからである。

　この小さな大国ヴァチカン市国は、一九二九年二月一一日にムッソリーニと教皇ピウス一一世の間で結ばれた、「ラテラン条約」によって誕生した。つまり、ヴァチカン市国は二〇世紀になって出来た、八〇年あまりの歴史しかもたない「新しい国」なのである。

　もちろん、教皇や教皇庁は聖ペテロ以来、二〇〇〇年の歴史を誇っている。そして、「教皇領」と呼ばれる一種の領土も古くから存在した。その起源は、五〜六世紀の教皇たちが、ローマやその周辺の私有地を教会に寄進したことに始まる。やがて、教皇はローマ一帯の実質的な統治者となり、さらに八世紀中頃、教皇領は飛躍的な発展をとげる。フランク王ピピンが、ラヴェンナ太守領を平定して教皇に寄進した、いわゆる「ピピンの寄進」によって、中部イタリアの広大な地域が、教皇領として一国を成す

ヴァチカン庭園を歩いてみると市国が丘の斜面にあることがはっきり実感できるはずだ。

ことになったのだ。この教皇領（英語ではチャーチ・ステイト、イタリア語ではスタート・デッラ・キエーザ、つまり「教会国家」という）は、基本的に一八七〇年のイタリア統一まで続く。つまり、一一〇〇年以上にわたって、ローマは中部イタリアを広くおおう「教会国家」の首都であり、教皇はカトリック教会の長であるとともに、世俗の国家の支配者（元首）でもあったのである。

　ヴァチカン市国の歴史は新しいが、教皇や教皇領の歴史は古い。ヴァチカンの何たるかを知るには、歴史をさかのぼらなければならない。

すべては聖ペテロの墓から始まった！

「ヴァチカン」という名は、そもそもエトルリア人の時代に起源をもつ土地の名であった。古代ローマでは、この辺りは「アゲル・ヴァティカヌス（ヴァチカンの地）」と呼ばれ、小さな丘（ヴァチカンの丘）とテヴェレ河にはさまれた城壁外の寂しい土地で、狂気の皇帝カリグラが建造を始めネロ帝が完成した戦車競技場（キルクス）やネロ帝の庭園、後にはハドリアヌス帝が建てた廟（現在のサン・タンジェロ城）、あるいはメータ・ロムリと呼ばれたピラミッド型の墳墓などが見られるだけであった。

　ローマには七つの丘がある、とよくいわれる。しかし、この「七つ」は紀元前の旧城壁の中にあった丘を数えたものだから、ピンチョの丘やジャニコロの丘は含まれない。つまり、ローマには、実際には一〇以上の丘がある。そして、実はヴァチカンはその丘のひとつなのだ。といっても多くの人はピンとこないかもしれないが、サン・ピエトロ大聖堂の裏手に広がる、いわゆる「ヴァチカン庭園」［84～85頁］を見学するツアーに参加すると、ヴァチカン市国が確かに丘の斜面に広がっていることが理解できる。あるいは、サン・ピエトロ広場からヴァチカン美術館入口まで、城壁に沿って歩けば、丘の存在を足で実感できるかもしれない。

　いずれにしても、古代のヴァチカンは、重要な土地でも、快適な土地でもなかった。むしろ、湿気の多い陰鬱な土地柄だったようだ。近代になっても、ヴァチカン地区には「プラーティ」と呼ばれる湿地のような草原があり、しばしばマラリアの発生源になっていた。だから、教皇が暑いさなかに世を去ると、枢機卿たちはパニックに陥った。なにしろ、真夏の「コンクラー

大聖堂入口に向かって左側に立つ聖ペテロの像。
ペテロが手にするのはキリストから授けられた
「天国の鍵」で、教皇の権威を象徴するもの。

ヴェ（教皇選挙）」［93頁］には生命の危険が伴ったからである。たとえば、グレゴリウス一五世の死後行われた一六二三年夏のコンクラーヴェでは、三週間のうちに八人の枢機卿が死去したと伝えられる。豪壮な宮殿があったにもかかわらず、一六世紀末から一九世紀後半までの教皇たちが、実際の「住まい」をヴァチカンの外に持ったのも、そのためであった。

それでは、なぜこのような条件の悪い土地がカトリック世界の中心地となったのだろうか。それは、ここに一人の男の墓があったからである。貧しい漁師からキリストの一二使徒の筆頭格となった男、いうまでもなく聖ペテロである。

ペテロがいつパレスチナからローマにやってきたのかは分からないが、彼が生涯の最後の時期をローマで過ごしたこと、そしてキリスト教徒として殉教したことは間違いなさそうだ。この殉教は、紀元六四年のローマの大火（皇帝ネロが火を放ったともいわれる）の時といわれ、殉教の場所についてははっきりしないが、ペテロの亡骸は当時ネロ帝のキルクスの脇にあった墓地に葬られたと伝えられる。サン・ピエトロ大聖堂は、まさにその墓の上に建てられたと伝承されてきた。そして、一九四〇年、大聖堂の「教皇の祭壇」の地下深くで、聖ペテロの墓の上に作られた記念碑「トロフェーオ」の痕跡が発見されて、この伝承が事実だったことが、ついに確認されたのである。

ローマは多くの殉教者のお陰で聖なる都となりえたのだが、巡礼の人々の最終目的地はほかならぬ、このペテロの墓であった。実際、「トロフェーオ」の周辺からは様々な国のコインが発見されており、この場所が早くから聖地になっていたことが確認できる。しかし、ペテロが世を去ってから二五〇年ほどの間は、それは単にローマ人の墓地の一角にある、新興宗教「キリスト教」の小さな聖地に過ぎなかった。革命的な変化は、初めてキリスト教に改宗した皇帝、

左頁右／ネロ帝のキルクス（紫）と旧サン・ピエトロ大聖堂（ピンク）
及び現大聖堂（ブルー、オレンジ、ピンク）の平面図。
同左／4世紀前半にコンスタンティヌス帝が建て、16世紀まで
この地にあった旧サン・ピエトロ大聖堂の復元図。

ラテラーノ広場には現存する世界最大のオベリスク（高32.18m）が。
もともとはエジプトから運ばれ、チルコ・マッシモにあったもの。
1588年、教皇シクストゥス5世によって、この場所に移された。

コンスタンティヌス帝の登場とともに起こったのである。

「皇帝のローマ」から「教皇のローマ」へ

三一二年、コンスタンティヌスは、帝位を争っていた宿敵マクセンティウスをミルヴィオ橋の戦いで撃破して、ローマに凱旋した。彼はこの勝利をキリスト教の加護のお陰と考え、感謝の「奉納品」として、「救い主」キリストに捧げられた聖堂を、ローマの南東のはずれにあたるラテランの地に建造した。これが今日のサン・ジョヴァンニ・イン・ラテラーノ聖堂である。西ヨーロッパで最初の、本格的なキリスト教の聖堂だった。このサン・ジョヴァンニ・イン・ラテラーノ聖堂は、一六五〇年の聖年祭のおりに、バロックの奇才ボッロミーニによって、すっかりバロック風に改装されてしまっている［86〜87頁］。しかし、そのスケールは基本的にコンスタンティヌス帝が建てた古代のバジリカ（聖堂）のままである。当時のローマ皇帝の富と力をもってすれば、このくらいの建物を建造することなどいともたやすいことだっただろう。けれども、キリスト教徒たちにとっては、まさに天地がひっくりかえる程の出来事だったに違いない。当時すでに、ローマの人口の三分の一はキリスト教徒かその理解者だったといわれるが、その大半は中下層市民だった。信者たちは個人の家の一部を使うなどした集会所を、ところどころにもっていたに過ぎなかった。そこに突如として、まさに皇帝のスケールを持った壮大な聖堂が出現したのである。そして三一三年には、キリスト教を公認する有名な「ミラノ勅令」も発布された。ローマのキリスト教徒たちにとっては、新しい時代が到来したとの感がひ

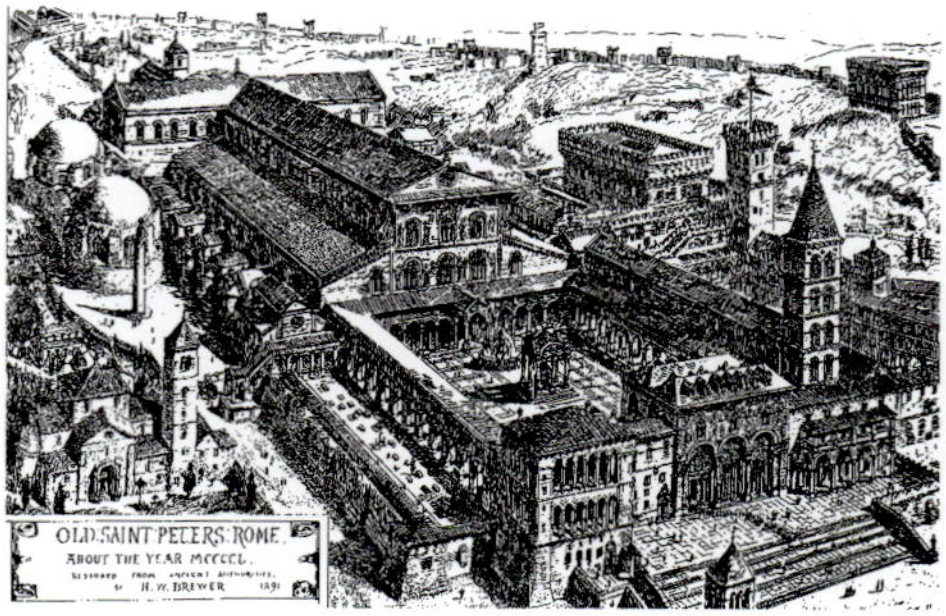

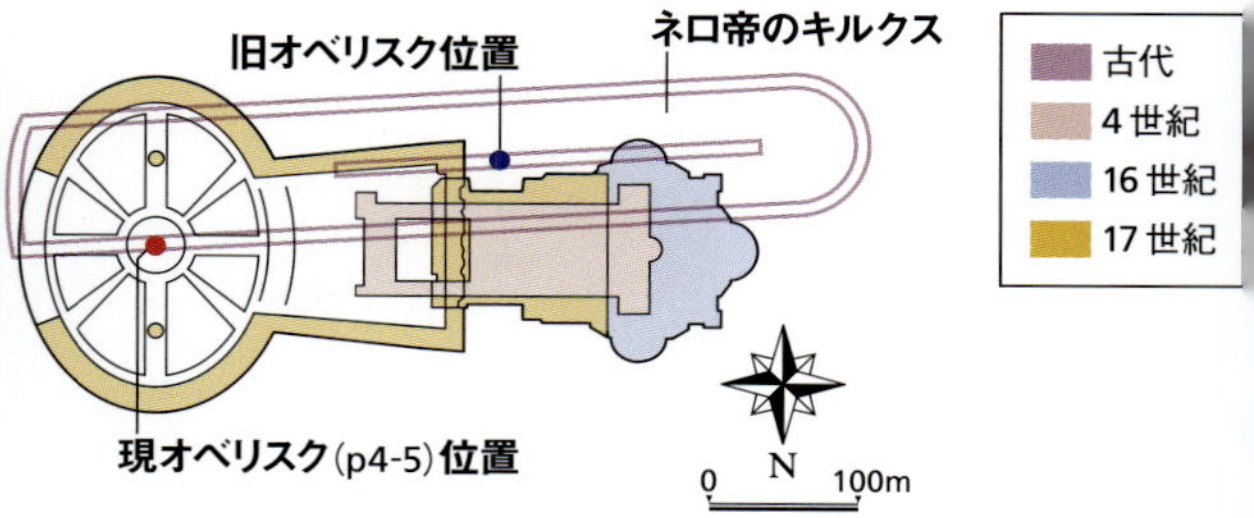

としおだったことだろう。

この新時代はヴァチカンにも大きな変化をもたらした。聖ペテロの墓、その勝利の記念碑「トロフェーオ」の上に、サン・ジョヴァンニ・イン・ラテラーノ聖堂よりもさらに大きな聖堂が建てられたのだ。三二六年から三三三年にかけて造られたこのコンスタンティヌス帝のバジリカは、大きなアトリウム（前庭）をもち、身廊と左右に二つの側廊をもつ五廊式の大建造物で、ペテロの墓の上に祭壇がくるように設計されていた。この聖堂こそ、一六世紀までこの地に立っていた、旧サン・ピエトロ大聖堂である。寂れた墓地の小さな聖地は、一躍巨大なキリスト教の殿堂となったのである。

コンスタンティヌス帝はローマをキリスト教の都にしようと試みたといわれるが、ローマの保守的貴族の抵抗は根強かった。結局、ローマに愛着を感じることのなかったコンスタンティヌス帝は、元老院と対立した揚句、三三〇年にビザンティウム、のちにコンスタンティノポリスと改称された新都へと去るのである。

こうして、さしものローマも衰退の道を歩み始める。一五〇万人にも達していたといわれる全盛期には及ばないが、コンスタンティヌス帝時代のローマは八〇万の人口を擁し、膨大な富の蓄積があった。それが、帝国の首都の座を失った上、四一〇年のゴート人の侵入を皮切りに蛮族の略奪が続いて、西ローマ帝国が滅亡した五世紀末には、人口一〇万にまで落ち込むことになる。「永遠の都」の凋落はおおうべくもなかった。

しかし、この凋落の時期に、すっかりキリスト教の都となったローマで、多くの聖堂が建設されたことは特筆すべきだろう。それらの聖堂は、異教時代の遺産、つまり大建造物の柱や石材を用いて建てられた。たとえば、サン・クレメンテやサン・ピエトロ・イン・ヴィンコリなど、ローマでも最も由緒ある教区聖堂の多くはこの困難な時期に建てられたものである。実際、三八〇年から四八〇年までの一世紀間は、のちのバロック時代に次ぐ、キリスト教ローマの「大建設の時代」だったのである。

このようにして「皇帝のローマ」にかわる「教皇のローマ」が船出をした。しかし、その航路はいかにも苦難に満ちていた。さびれた先祖の大邸宅にひっそりと住む中世のローマが、

9世紀に教皇レオ4世が築いた最初の城壁。その一部は今もヴァチカン庭園の中に残る。

傷だらけの中から、ようやく西ヨーロッパの精神的中心としての地位を固めたのは、六世紀の偉大な教皇大グレゴリウスの時代であった。そして、先に述べたように、「ピピンの寄進」を受けて教皇領（教会国家）の基礎が出来るのは、続く八世紀の半ば過ぎのことであり、さらに八〇〇年のクリスマスには、サン・ピエトロ大聖堂でカール大帝の戴冠式が行なわれた。ここにいたって、皇帝と教皇という中世社会の枠組みができ、「ペテロの都市」の地歩も確固としたものになったといえるだろう。

こうした前期中世の間に、ヴァチカンには小城塞や各国の巡礼者を収容する施設が造られ、門前町が出来ていった。しかし、八四六年にサラセン人によってサン・ピエトロ大聖堂が略奪されるという事件が起る。これに危機感を抱いた教皇レオ四世は、皇帝ロタール一世の援助をえて、サン・タンジェロ城からサン・ピエトロ大聖堂周辺までを囲む堅固な城壁を築いた。この城壁によって、ヴァチカン地区は「チッタ・レオニーナ（レオの都市）」と呼ばれる、独立した小都市のようになったのである。

しかしながら、中世の教皇庁の歴史は、聖人と悪魔が入り乱れた、奇々怪々としたドラマの連続であった。行列の最中に馬上で出産したため女性であることが露見したという、「女性教皇ジョヴァンナ」の伝説など、その最たるものである。九世紀末から一二世紀にかけての時期には、「アンティ・パーパ（対立教皇）」の出現もしばしば見られるし、違法に選ばれた教皇や退位させられた教皇、あるいはローマに一度も入れなかった教皇や俗人のうちに選ばれた教皇などもおり、その混乱は目をおおうばかりである。

こうした混乱の中にも幾人かの優れた教皇が出たお陰で、教皇の影響力は増大し、一三世紀初めのインノケンティウス三世の時代に、教皇の権威は頂点に達した。つまり、教皇領の版図を北イタリアに拡大し、特使による支配体制を確立して、イギリス国王やアラゴン国王を封臣とするなど、広くヨーロッパに影響力を行使したのである。

ラテランとヴァチカン、二つの中心地

しかし、こうした中世のローマと教皇庁の歴史を見るときに、どうしても知っておかなければならないことがある。それは、紀元四世紀か

ヴァチカン美術館内
「ラファエッロのスタンツェ」を飾る
《シャルルマーニュ（カール大帝）の
戴冠》［112～115頁］

ら中世末期まで教皇座がおかれていたのは、ヴァチカンではなく、コンスタンティヌス帝が最初の聖堂を建てたラテランの地だった、ということである。コンスタンティヌス帝は聖堂とともに、ローマの司教、すなわち教皇のための館をもこの地に建てたのである。だから、インノケンティウス三世がイギリス王ジョンを破門にしたのも、「教皇は太陽、皇帝は月」と豪語したと伝えられる第四回公会議が開かれたのも、ラテランの地においてであった。ラテランには教皇領（教会国家）の政治の中心としてあらゆる施設が整備され、独立した小都市の観を呈していたといわれる。

　しかし、ラテランの地は偶然選ばれただけの、聖堂が立つ必然性のない土地であった。町外れの不便な場所だったせいもあって、ラテランの地はついにローマ市民の親しみをうることがなかった。それにひきかえ、先に述べたとおり、ヴァチカンはサン・ピエトロ大聖堂の巡礼者でにぎわい、信仰の中心地として発展していった。こうして、ローマには、ラテランという政治の中心と、ヴァチカンという信仰の中心という、二つの極ができていったのである。たとえば、カール大帝以来、ローマで戴冠した神聖ローマ皇帝は、まずヴァチカンで戴冠式を行い、その後にラテランで晩餐会を催すのを常としていた。万事こんな具合で、この二つのうち、どちらを優位とするかの論争は、中世の間ずっと続いたのである。

　この二極分化が解消するのは、一四世紀末から一五世紀初めのことだった。つまり、フランス王によって教皇庁がアヴィニョンに移された「教皇のバビロン捕囚」（一三〇九～七七）と、それに続く「シスマ（教会の大分裂）」（一三七八～一四一七）という混乱の時期を経験した後のことだ。アヴィニョンから戻った教皇は、不在中に火災にあって荒れ果てていたラテランの教皇庁から、ヴァチカンに造られていた小さな城塞へと拠点を移さざるをえなかった。こうして一〇〇〇年にわたってラテランにあった教皇座は、ついにヴァチカンへと移り、ここに政治の中心と信仰の中心とが、ようやくひとつに重なり合った。続いて、一世紀におよぶ不在の間にすっかり荒廃してしまった「キリスト教の都」ローマの再建に、教皇たちは尽力することになる。当然ながらその最初の仕事は、小さな城塞

右／《ブラマンテの肖像(?)》
ヴァチカン美術館
左／ブラマンテの設計に基づく
サン・ピエトロ完成予想図。
《ユリウス2世のメダル》
1506年　ヴァチカン図書館

があっただけのヴァチカンに、宮殿を整備していくことだった。

ルネサンスの〝奇跡の二〇年〟

今日のヴァチカンを訪ねると、サン・ピエトロ大聖堂も壮大なヴァチカン宮殿も、その主要な部分は一五世紀後半から一七世紀、つまりルネサンスからバロックにかけて建設され、装飾されたものであることに気づくと思う。それらの建築群は、「ローマの時代」がこのころ再びやってきたことを立証するとともに、広大な領土をもつ世俗の君主であった教皇たちの栄華を偲ばせるモニュメントでもあるのだ。

実際、ルネサンス文化が熟した一五世紀末のイタリアで最も権勢を誇っていたのは、ルドヴィーコ・イル・モーロが支配するミラノの宮廷だったが、フランス王の侵入でルドヴィーコが失脚すると、かわって教皇庁が首位の座に上ることになった。華やかな教皇の宮廷には、多くの才能ある人物たちが引き寄せられていった。こうして、ブラマンテとレオナルド・ダ・ヴィンチはミラノから、そしてミケランジェロとラファエッロはフィレンツェから、ローマへとやってきたのだった。まったくのところ、ブラマンテがローマに出た一四九九年から、ラファエッロが世を去る一五二〇年までの二〇年間は、奇跡の二〇年間といった感じだ。新しい芸術が生まれる創造的時代は、いつでもそうした思いを人々に抱かせるものだが、その盛期ルネサンスの二〇年間は、その中でも群を抜いている。たとえば、ブラマンテの設計で建設が始められた新しいサン・ピエトロ大聖堂、ミケランジェロによるシスティーナ礼拝堂の天井画［122〜127頁］、そしてラファエッロの「署名の間」の壁画［114頁］と、まさに西洋芸術の最高峰といえる作品ばかりである。これらの天才たちによって、ローマは一躍ヨーロッパ美術の中心地になったのであった。そして今日なお、ヴァチカンを訪ねる世界中の美術愛好家の最大の目的は、この時代に生み出された作品を鑑賞することなのである。

盛期ルネサンス期に行われた、一連のヴァチカン整備事業のうち、新しいサン・ピエトロ大聖堂の建設が最も重要な仕事だったことはいうまでもない。何しろ、老朽化していたとはいえ、一一五〇年余もの間立ち続けた、ローマの権威

教皇ユリウス2世は、
芸術のパトロンであると同時に
自ら戦地へも赴くなど、
激しい性格の持ち主だった。
ラファエッロ（?）
《ユリウス2世の肖像》
赤チョーク、紙　36×25.3cm
デヴォンシャー公爵コレクション

の象徴ともいうべきコンスタンティヌス帝のバジリカを壊して、まったく新しい聖堂を建てようというのだ。このとてつもないアイディアを実行に移したのは、「衣装と名前を除けば、聖職者の要素は何もない」と評された教皇ユリウス二世であった。ほんとうに驚くべき野心と自信である。当然、このプランには反対の声が上がった。たとえば、オランダの有名な人文学者エラスムスは、費用と奢りのゆえに反対した。しかし、ユリウス二世が一度言い出したら後には引かない、激しい性格の持ち主だったことはよく知られている。反対の声にひるむことなく、彼は一五〇六年四月に、ブラマンテのプランに基づく新聖堂の礎石をおいたのである。

　このブラマンテの計画は、中心に巨大なドームを戴くギリシア十字型（スイスの国旗のように、十字架の四つの腕の長さが等しい十字型）プランによる聖堂であった［39頁］。こうした各部が対称になるような、いわゆる集中式プランの建物は、古代にはマウソレウム（廟）として、キリスト教時代になってからは洗礼堂として建てられるのが普通であった。しかし、幾何学的調和をよしとするルネサンスの美学が、この形式による新しい聖堂を生み出した。ブラマンテのプランは、こうしたルネサンスの美学の表現であり、同時に、サン・ピエトロ大聖堂がペテロの墓の上に建てられたマウソレウムであることを明確にしようとしたのである。しかし、この集中式プランの聖堂は儀式には不便であり、計画は二転三転することになる。つまりブラマンテのあとラファエッロは縦長の伝統的なバジリカ式プランを構想し、その後ミケランジェロが再びブラマンテの案に帰ったものの、結局、一七世紀になってマデルノの設計による、現在のバジリカ式の聖堂が完成したのである。

　このように、新聖堂の建設には長い時間を要し、多くの建築家がそれにかかわり、その計画はしばしば変更された。にもかかわらずそれは、あたかも一人の天才によって造られたように見える。このように、ある建築家によって始められた仕事を、他の建築家が受け継ぎ、すでに建てられた部分との調和を保ちながら独自の工夫をする、といった建築のプロセスは、イタリアではごく普通のことであり、むしろイタリアの伝統だといえる。しかし、このサン・ピエトロ大聖堂ほど、こうしたプロセスがみごとに成功

ミケランジェロの案によるサン・ピエトロ完成予想図。1590年、ヴァチカン図書館の壁に描かれたもの。

した例はないように思う。

しかし、新聖堂建設に参画した幾多の美術家の中で、ミケランジェロがなした貢献には特筆すべきものがある。一五四六年に新聖堂の建築家に任命されたとき、彼は七〇歳を過ぎていた。それに無理やり引き受けさせられた仕事だった。にもかかわらず、一度引き受けると、彼は全身全霊を傾け、無償でこの仕事に取り組み、前任者のプランを単純で力強いものに変更するとともに、クーポラのみごとなプランを完成した。彼の設計になるクーポラは、人類が生み出した最も美しい建築物の一つといえるだろう。それがローマの象徴のようになっているのも、当然である。

新しいサン・ピエトロ大聖堂が完成して、献堂されたのは、一六二六年一一月一八日、起工から一二〇年後、コンスタンティヌス帝の旧聖堂の献堂から一三〇〇年後のことである。

天才ベルニーニ登場

さて、サン・ピエトロ大聖堂が完成したところで、われわれは再び一六世紀初めに戻って、ヴァチカン全体の歴史について話を続けることにしよう。ローマ・ルネサンスの黄金時代は、いうまでもなく教皇ユリウス二世と彼に続くレオ一〇世の時代だった。ヴァチカンはこの後、フランス王フランソワ一世と神聖ローマ皇帝カール五世の覇権争い、いわゆるイタリア戦争による混乱と、ルターに端を発したプロテスタントの宗教改革の嵐に翻弄されることになる。その一連の出来事のなかでも最もドラマティックなのは、一五二七年のカール五世軍による「ローマの略奪(サッコ・ディ・ローマ)」だった。かつての蛮族の侵入を思わせるこの事件は、ローマ・ルネサンスの夢を破り、多くの芸術家たちをローマから追いやることになった。一方、プロテスタントの攻撃に対しては、カトリック教会は三回にわたるトレント公会議を開いて、中世以来の混乱した教義を整えるとともに、教皇の正統性、至上権を確認して組織の建て直しをはかる必要に迫られたのである。

しかし、物心両面のこうした困難にもかかわらず、ローマという都市にとって一六世紀は基本的には発展の時代だった。世紀の初めに五万余りだった人口も一六世紀中に倍増し、ローマはヨーロッパを結ぶ情報の中心地として重要な

現サン・ピエトロ大聖堂（1626年完成）、プランの推移

※現聖堂の平面図は p53

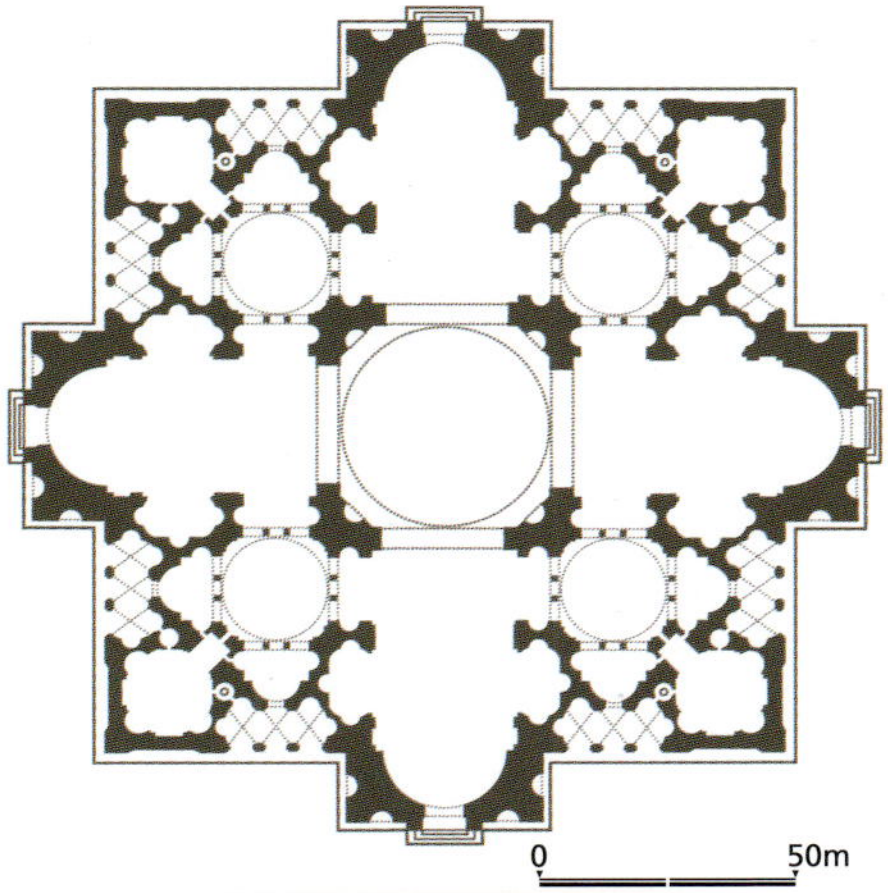

1 ブラマンテ案 1506年

集中式（ギリシア十字型）プラン。
幾何学的調和の取れたルネサンス風。

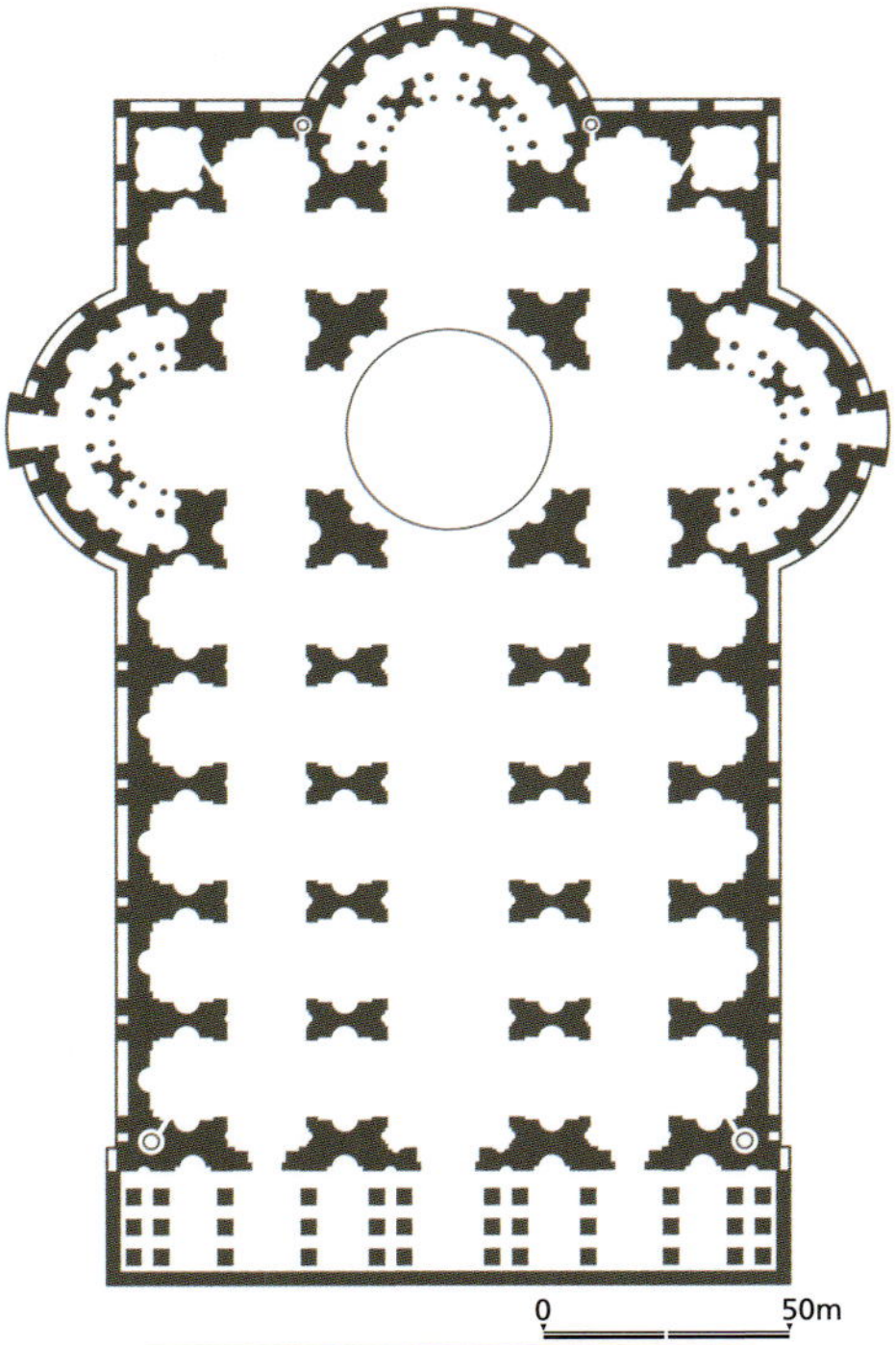

2 ラファエッロ案 1514-20年

伝統的バジリカ式（ラテン十字型）プラン。
現状のプラン（p53）に近い。

3 サンガッロ案 1539年

ラファエッロの助手サンガッロによる
集中式プラン。やや折衷的。

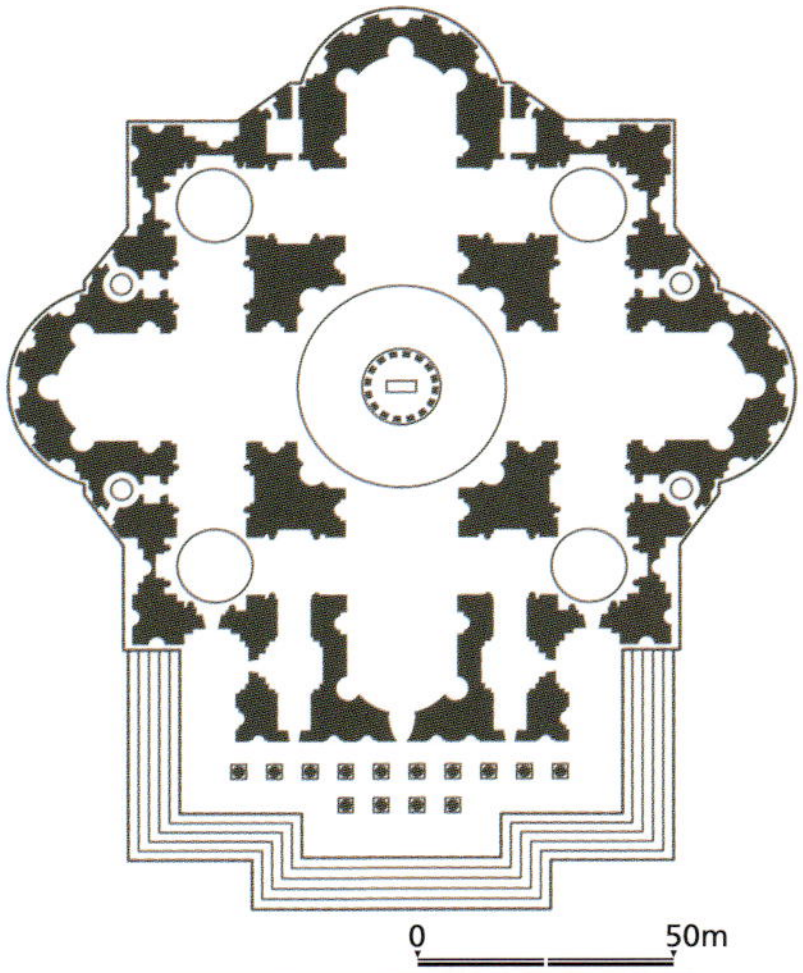

4 ミケランジェロ案 1569年

単純で力強い集中式プラン。
儀式に使いにくいのが玉に瑕だった。

本来のベルニーニのプランでは広場の正面も柱廊でほぼ閉じる予定だったが、実現しなかった。

役割を果たした。かの「サッコ・ディ・ローマ」による破壊さえ、建設の機運を盛り上げるのに貢献したといわれるほどである。とりわけ、トレント公会議に成功し、新たな教会の勝利を謳歌する機運が盛り上がると、ローマにかつてない建設ブームが巻き起こった。一五七〇年から一六七〇年までの一〇〇年間は、キリスト教ローマ最大の「建設の時代」であり、ローマをカトリックの首都として整備しようとする建設熱に沸き返ったのである。

そして、今日見るローマの町は、おおかたがこのバロック時代に形成されたものである。ルネサンスの教皇たちがヴァチカン整備に情熱を注いだのに対し、バロックの教皇たちはローマ中に聖堂を建て、水道を引いて彫像で飾られた噴水を造り、そして広場にオベリスクを立てるなど、街のあちこちに演劇的空間を創り出した。現在のローマの魅力は、こうしたバロックの演劇的想像力にあるといえる。ローマはまさに「バロックの都市」なのだ。

一方、この時期のヴァチカンでも、特筆すべき事業が行われている。ウルバヌス八世からクレメンス九世まで引き継がれた、ペテロの墓に至る巡礼路をドラマティックに装飾するという事業である。その結果、巡礼者はまず、キリストの受難の象徴を手にした一〇体の天使が欄干に並び「ヴィア・クルシス（受難の道）」となったサン・タンジェロ橋［29頁］をわたって、ヴァチカン地区に入る。それから、あたかも両腕を広げて信者を抱きかかえるような、サン・ピエトロ広場のコロンナート（柱廊）［54〜56頁］に迎えられる。そして聖堂に入ると、ペテロの墓とその上に設けられた教皇の祭壇をおおう、ブロンズ製の巨大なバルダッキーノ（天蓋）［70〜71頁］を目にし、それを通して舞台装置のような「カテドラ・ペトリ（ペテロの司教座）」を望むことになる［76〜77頁］。つまり、四人の教会博士が司教座を支えるという、この「カテドラ・ペトリ」の幻視的な装飾は、巡礼者がたどりつく最後の地点におかれているのである。それは「神の代理人」たる聖ペテロと、その後継者である教皇の権威を表現した宗教劇のクライマックスであった。こうして、サン・ピエトロ大聖堂全体が、あたかもバロックの宗教劇の劇場のようになってしまったわけだが、驚くべきことは、ここに述べた装飾が、すべて一人の天才

サン・ピエトロ広場を取り囲むコロンナート（柱廊）［54～56頁］。

芸術家の手でなされたということである。その天才とは、ミケランジェロとならぶ「ローマの天才」ベルニーニ（一五九八～一六八〇）である。

彼が手掛けた一連の事業の中でも、サン・ピエトロ広場の整備はとりわけ注目される。アレクサンデル七世の命によるこのプロジェクトの中心は、コロンナートの建設である。巨大な柱二八四本が四列を成してサン・ピエトロ大聖堂前の広場を囲い込む、そんな楕円形の柱廊を、ベルニーニは生み出したのだ。楕円形といっても、実際には、一方の円の中心が他方の円の円周上にあるような二つの円が組み合わされたものだ。単純な趣向ではあるが、荘厳さとダイナミックな律動感が見事に調和し、かつその空間は不思議に人間的である。まさに「テアトロ（劇場）」と呼ぶべき空間だ。こうした不思議な空間は、古代以来の造形の伝統とカトリックの宗教性が融合して生まれたものだろうか。そう思うとき、人はすでにローマ・バロックの魔術に身を委ねているのである。

しかし、こうしたバロックの栄光も一七世紀の後半には色あせてゆく。そのころの教皇たちは、教会財政に対する危機感から、建築や美術に情熱を注いでなどいられなかった。おまけに、教皇庁自身、ヨーロッパの国際政治において重要な役割を果たすことがなくなって、ローマはカトリック教会の指導者と貧しい民衆が住むだけの、ヨーロッパの一地方都市になっていった。かくして、ローマは活力を失い、かつてのように各地の美術家たちを引き寄せては、「ローマの芸術家」に育てるという魔力を発揮することもなくなってしまうのである。ローマは実に不思議な都市で、自前の美術家を生むことはほとんどなく、たいていは他所からやってきた者たちを、伝統と野心と競争によってスケールの大きな美術家に変身させていく都市であった。ミケランジェロもラファエッロも、カラヴァッジョもベルニーニも、そしてニコラ・プッサンもボッロミーニもみな、そうした過程をたどった「ローマの芸術家」なのである。

さて、そのローマが再びヨーロッパ美術の表舞台に登場するのは、一八世紀後半、近代美術史の祖ともいわれるヴィンケルマンや画家ラファエル・メングスといったドイツ人を中心とした、いわゆる新古典主義運動が起こったときである。もっともこの場合は、運動の理念が先に

暮れなずむサン・ピエトロ広場。

ヴァチカン美術館の中でもいち早く整備されたピオ・クレメンティーノ美術館［104〜106頁］の「八角形の中庭」。現在も多数の古代彫刻が置かれている。

左頁右／クレメンス14世
同中／ピウス6世
ヴァチカン美術館（右も）
同左／ピウス11世の紋章

あって、ローマはただ古代の遺産ゆえに中心地となったにすぎないのだが……。

それでも、この新古典主義運動は、ヴァチカンに少なからぬ遺産を残した。それは、この運動に触発されて、広大な「ヴァチカン美術館」の礎が築かれたことである。ヴァチカン美術館の起源はユリウス二世の古代彫刻コレクションに始まるが、一七六三年、教皇庁は古代美術の管理責任者に、かのヴィンケルマンを迎えた。それに続いて、クレメンス一四世やピウス六世といった教皇たちが古代美術作品のローマからの流出を懸念して、ヴァチカン内に美術館を整備していく。今日のヴァチカン美術館の中核ともいうべき「ピオ・クレメンティーノ美術館」［104〜106頁］が創られたのはこのときで、現在《ラオコーン》や《ベルヴェデーレのアポロン》が置かれている「八角形の中庭」［上］も、その当時のものである。そして、これが出発点となって、一連の美術館の整備が進められた。新古典主義を代表する彫刻家カノーヴァのプランに基づく「キアラモンティ美術館」［107頁］、ナポレオンがパリに持ち出した作品が返還されたのを機に建設された「ブラッチョ・ヌオーヴォ（新館）」［108頁］、そしてやはり教皇領内からフランスに持ち去られた絵画の返還をきっかけに開設された「ピナコテーカ（絵画館）」［128〜134頁］などが、次々に増設されていったのだ。

現代に甦ったヴァチカン

こうした美術館の整備はすばらしい事業だったが、教会の精神的指導者と教皇領の君主を兼ねるという中世以来の教皇のシステムは、すでに時代遅れとなっていた。だから、フランス革命以降の歴史の流れに翻弄される教皇の姿は、どこか滑稽で、ときに哀れさえ感じさせる。まず、一七九六年にイタリアに遠征したナポレオンのフランス軍は、ローマの宮殿や聖堂、美術館を丸裸にして、《ラオコーン》や《ベルヴェデーレのアポロン》をはじめとする、多数の美術作品や膨大な金銀財宝を持ち去った。このとき教皇だったピウス六世は、フランスのヴァランスに拉致されて、幽閉先で世を去っている。また一八〇八年には、ナポレオンが教皇領をフランスに併合して、ローマを自由都市とし、帝国の第二の首都と称したが、このときには、教

皇ピウス七世はフォンテーヌブローに幽閉された。この六年間にわたるフランスの支配が終わって、教皇がローマに戻ったのは一八一四年であった。これに加えて、リソルジメント（イタリア国家統一運動）のうねりはローマにも及び、一八四九年にマッツィーニらによるローマ共和国が誕生したが、フランス軍に打ち砕かれ、この共和国はわずか半年の短い命に終わった。この事件の結果、それまでリベラルな教皇とされてきたピウス九世は、自由主義と民族主義を弾圧する反動的な教皇に変わってしまった。

こうして、ローマは一八七〇年九月二〇日を迎える。普仏戦争のためにフランス軍が引き上げた後、イタリア統一を叫ぶヴィットーリオ・エマヌエーレ二世のイタリア王国軍が、この日、古代ローマ以来の城壁を破ってローマに侵入したのだ。このとき、「皇帝のローマ」に続いて一五〇〇年以上も続いてきた「教皇のローマ」は終わりを告げ、いわゆる「人民のローマ」の時代が始まったのである。当然、教皇領はすべてイタリア王国に併合された。そして、時の教皇ピウス九世は、一切の和解を拒んで、みずから「囚人」としてヴァチカンに閉じこもってしまった。

それ以来、教皇と国王、ヴァチカンと新政府の反目は長く続いた。結局、五代、六〇年にもわたって、教皇たちはヴァチカンを一歩も出ることなく、ようやく和解が成立したのは、一九二九年のことである。教皇ピウス一一世が、ムッソリーニのファシスト政権との間に、ヴァチカンの主権を認める「ラテラン条約」を結び、最初に述べたとおり、現在の独立国家「ヴァチカン市国」が誕生したのである。テヴェレ河からサン・ピエトロ大聖堂へと真っすぐのびる「コンチリアツィオーネ通り」、すなわち「和解通り」が建設されたのも、このときであった。

ようやくわれわれは、現在のヴァチカン市国に戻ることができた。思えば、ペテロの墓という、ヴァチカンの地に落ちた小さな種が、コンスタンティヌス帝の出現で芽を出し、戦争や略奪の風雪に耐え、全世界をおおうカトリック教会の大樹となったのだ。ヴァチカンのモニュメントの数々は、二〇〇〇年にわたる、そうしたローマとカトリック教会の壮大な歴史を伝えているのである。

コラム 1

賢者から変人まで教皇たちの群像

文✣藤崎 衛

歴代異色教皇列伝

現在のベネディクト一六世に至るまで、歴代教皇の数は二六〇人をこえる。中には、驚愕の運命をたどったり、特異な伝説を残している人物も多い。

たとえば、九世紀、「死体裁判」なるものがおこなわれた。これは、イタリア貴族の後ろ盾を得た教皇ステファヌス六世（七世ともされる。在位八九六～八九七年）が、東フランク王をイタリア王としていた先々代のフォルモスス（在位八九一～八九六年）の出廷を命じ、死後数ヵ月が経っていたにもかかわらず、遺体を掘り起こし、衣服を着せて被告人席に座らせたものである。被告は不法に教皇座を乗っ取ったとして有罪が宣告され、法衣は剝ぎ取られ、右指三本が切り落とされたうえでふたたび埋葬された。もっとも、次の教皇の時代にフォルモススの名誉は回復される。

現代では考えにくい話はまだある。一〇世紀前半、ローマを事実上牛耳っていた貴族の母娘テオドラとマロツィアは、次々と代替わりする教皇に絶大な影響力をふるった。マロツィアは教皇セルギウス三世（在位九〇四～九一一年）に「ローマの守護者」と呼ばれ、またその愛人であったとも言われるが、教皇ヨハネス一〇世（在位九一四～九二八年）を廃位、投獄した。

紀元一〇〇〇年を迎えた時に教皇の座を占めていたのは、シルヴェステル二世（在位九九九～一〇〇三年）である。かれには数学や天文学に関する著作があったが、死後、魔術使いだったとまことしやかにささやかれた。次項で触れるボニファティウス八世も死後、魔術や偶像崇拝をおこなったとの非難を浴びることになる（一四世紀）。ふたりとも占星術に関心を寄せていたことも関係するだろう。

非業の死を遂げた教皇も数多い。ある年代記によれば、ヨハネス八世（在位八七二～八八二年）は暗殺された初の教皇で、毒を盛られたうえ殴り殺されたという。また、ヨハネス一二世（在位九五五～九六四年）は世を去ったときまだ二〇代後半の青年だったが、情婦と同衾している最中に急死したという噂が立った。当時の教皇庁は売春宿呼ばわりされていたのである。ヨハネス二一世（在位一二七六～一二七七年）は教皇としては珍しく、かつて医者であった人物である。眼疾に関す

ヨハネス21世の墓。ローマの北70キロに位置する小都市ヴィテルボの大聖堂にある。

る著作でも知られているが、書斎の屋根が崩れて怪我を負い、それが原因で絶命した。ダンテが『神曲』で天国に入れた唯一の教皇だ。ボルジア家出身で贅沢三昧の生活ぶりや親族登用で知られるアレクサンデル六世（在位一四九二～一五〇三年）は毒殺されたとの風聞が飛び交ったが、実際にはマラリアが死因だったと考えられている。教皇の暗殺は昔の歴史物語や空想にすぎないと考えるのは間違いである。事実、一九八一年に前教皇ヨハネ・パウロ二世（在位一九七八～二〇〇五年）はサン・ピエトロ広場でトルコ人に銃で暗殺されかけ、一命はとりとめたが重傷を負った。

在位期間がわずか二七日間だったレオ一一世（一六〇五年）は「稲妻教皇」の異名を持つが、もっと短命な教皇もいた。ステファヌス（二世）は、教皇に選出されたにもかかわらず、わずか四日後、就任する前に脳卒中で他界した（七五二年）。そのため、現在では正式の教皇から外され、括弧つきの二世とされている。在位期間がひと月に満たない教皇はほかにも数名いる。

悪魔と取引した？暴れん坊教皇ボニファティウス八世

『神曲』地獄篇の第一九歌で、穴の中に真っさかさまに入れられた教皇ニコラウス三世（在位一二七七～八〇年）が、地獄めぐりをするダンテをボニファティウス八世（在位一二九四～一三〇三年）と間違える場面がある。フィレンツェで行政にも携わっていた詩人ダンテは、みずからボニファティウスに謁見したこともあったが、市政の混乱を大きくしたこの教皇は地獄に落ちてもらって当然だと考えていたことが、この記述からわかる。

教皇権が王権にまさると主張したことなどから政敵の多かった教皇は、過激で狭量な性格の持ち主で、魔術使いとしてもしばしば非難を浴びせられた。教皇を告発する文書は生前から作成されていたが、死後には裁判にまでかけられることに。「ボニファキウス／ボニファティウス」（善をなす人）をもじって「マレファキウス」（悪をなす人）などと揶揄された教皇は、敵対者たちによれば、万事お抱えの悪魔にうかがいを立てていたという。また、毎年復活祭には頭髪と髭をそり、爪を切ってそれらを悪霊にささげていたとも……。もっとも、これらはもっぱら敵対者側の証言であるが。フランシスコ会士ヤコポーネ・ダ・トーディは、同修道会の心霊派を冷遇した教皇を「新しいルチフェロ（ルシファー）」と罵り、ある詩の中で次のような糾弾も加えた。

〈おまえは魔法をつかって　寿命をのばそうとした。年も日も時間も人間にはどうにもならぬ。罪を犯すうちに、不意に人生は終わるのだ。享楽のまったただなかに、死はしのびよる〉（須賀敦子訳）

これまた根拠のない中傷かと思いきや、さにあらず。魔術の件はともかく、長生きしたいという教皇の願望に関しては史料で裏づけられている。また、教皇は腎臓結石を患っていたが、侍医が当時の占星術にもとづいて治療のために用意した金の印章と帯を身につけていたという。この印章は太陽が獅子座の位置に来た時に作られたもので、教皇は占星術やまじないに関心があったとみられる。

また、ボニファティウスは、フランスの聖職者に課税する権限をめぐって国王フィリップ四世と激しく対立していた。ローマ南方の故郷アナーニに滞在していたとき、王の側近と教皇庁内の対抗勢力に襲撃され、捕縛されたことはよく知られている。この「アナーニ事件」からわずか三週間後の一三〇三年一〇月、ローマに戻った教皇は世にいう「憤死」をとげる。悲嘆と絶望が教皇の死を招いたのだ。

現在、サン・ピエトロ大聖堂の地下では、アルノルフォ・ディ・カンビオの手による石棺上の横臥像《ジザン》に死去したボニファティウス八世の顔を認めることができるが、その表情は憤死とはほど遠い穏やかさをたたえている［上］。

本来は豪奢に装飾されていたというが、現在は石棺と2つの天使像のみが残る。
アルノルフォ・ディ・カンビオ
《ボニファティウス8世の墓》
サン・ピエトロ大聖堂グロッタ
［68～69頁］

東方の神秘 謎の司祭ヨハネと中世の教皇たち

中世ヨーロッパに流布した奇譚や伝承のたぐいのなかでもっともよく知られたものの一つに、「プレスター・ジョン」、すなわち司祭ヨハネにまつわる伝説がある。

司祭ヨハネについて最初に言及がなされたのは十字軍の時代のこと。一一四五年、シリアのジャブラ司教が教皇エウゲニウス三世（在位一一四五～五三年）に謁見し、第一回十字軍後の聖地エルサレムへ援軍の派遣を懇請した。このとき司教は、ペルシアとアルメニアからはるか東の地を統べ治めるキリスト教の司祭にして王ヨハネについて語った。ヨハネはペルシア諸王を打ちまかし、さらにエルサレム教会の救援のために進軍したものの、ティグリス河にはばまれて退却を余儀なくされたのだという。ジャブラ司教は、東方からヨハネの援軍がやってこないのであれば、西の教皇に十字軍を追派してもらうしかないと、教皇を説き伏せようともくろんだのかもしれない。

ほどなくして、西ヨーロッパでは司祭ヨハネの書簡とされる由来不明の文書が流布しはじめる。ビザンツ皇帝やドイツ国王らに宛てられたこれらの書簡によって、驚異にみちみちた東方のイメージは刺激されてやまなかった。宝石がちりばめられた楽園、若返りの泉、砂の海、犬頭人、サラマンドラ（火の中に棲む竜）などなど……。

一一七七年、教皇アレクサンデル三世（在位一一五九～八一年）は一通の書簡をしたためて使者に託した。宛名は「キリストにあって最愛なる息子、諸インドの輝かしく栄えある王にして至聖なる司祭ヨハネ」。目的は、東方の事情を探るとともに、ヨハネをローマ教会へ帰順させることであったようだ――実際、東方世界ではカトリックと異なるネストリウス派キリスト教が根づいていた――。伝え聞くヨハネの国の奇矯な風習や荒唐無稽で超自然的な現象はさておき、教皇は司祭ヨハネの存在そのものを確信し、かれとの交流を切望したのである。これは、教皇がアジアと交渉を持とうとした最初の試みであったと言ってよい。しかし、使者のその後のゆくえについてはつまびらかではない。

やがて時代は一三世紀を迎える。このころ、ヨーロッパ人はタルタロス（地獄）から出てきたタルタル人、つまりモンゴル人が迫りくるという恐怖にとり憑かれていた。そして、実際に一二四一年、「レグニツァ（リーグニッツ）の戦い」でモンゴル軍に敗北を喫したことにより、恐怖感はいっそう高まった。けっきょく、モンゴル皇帝オゴデイの急死にともなうモンゴル軍の撤退により危機は去ったが、ときの教皇インノケンティウス四世（在位一二四三～五四年）はフランシスコ会士ジョヴァンニ・ダ・ピアン・デル・カルピネをモンゴルとの交渉にあたらせた。その後、このフランシスコ会士は当時のモンゴル帝国首都カラコルム近くにまで赴き、次期皇帝グユクに迎えられる。ジョヴァンニは教皇の親書を渡した一方で、教皇宛に服従を要求する勅書を受け取った。その勅書の原本（ペルシア語）が現在もヴァチカン古文書庫に残されている［左］。

それまで伝聞と想像でしか西ヨーロッパに知られることのなかった東方アジアの世界は、このカルピネの旅を皮切りに少しずつ実像を現しはじめた。そして、ヨハネの王国がどうやらインド方面にはないと悟ったヨーロッパ人は、一四世紀以降になると、エチオピアにこの幻の国を探し求めることになる。

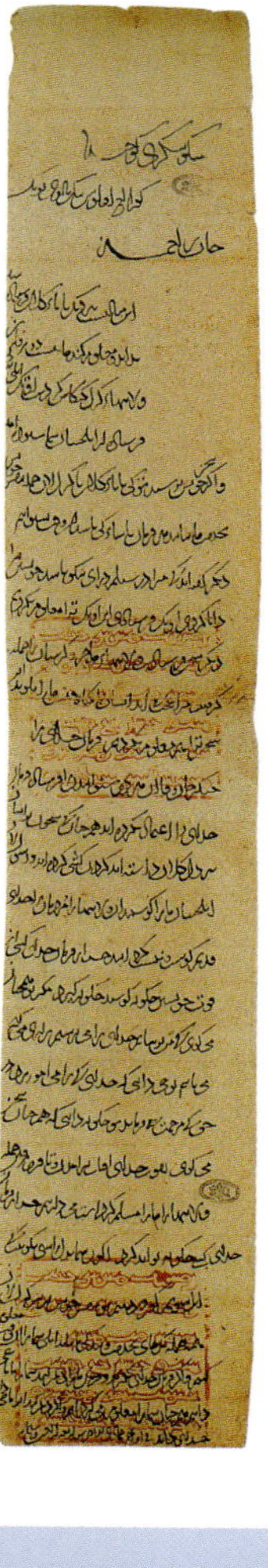

1246年11月11日付、モンゴル皇帝グユクがインノケンティウス4世に宛てた書簡。ヴァチカン古文書庫

美の聖地
サン・ピエトロ大聖堂を歩く

文＋石鍋真澄

信仰の場であると同時に、万人が共有しうる文化遺産でもあるサン・ピエトロ大聖堂。細部にわたり、その見どころを解説する。

サン・ピエトロ大聖堂
Basilica di San Pietro

バロックの巨匠ベルニーニによって
1620年代に制作された天蓋「バルダッキーノ」
［70〜71頁］が大聖堂の核を成す。

サン・ピエトロ大聖堂と、86頁以降で紹介するサン・ジョヴァンニ・イン・ラテラーノ、サンタ・マリア・マッジョーレ、サン・パオロ・フオーリ・レ・ムーラを総称して「ローマの四大バジリカ」という。

二〇〇〇年におよぶヴァチカンの壮大な歴史を、前章で、われわれはやや急いでたどってみた。ゲーテは「すべての歴史はローマにつながっている」と感嘆したが、ローマとヴァチカンは、まさに西ヨーロッパの縮図である。その歴史を会得するのは、並大抵のことではない。

しかし、サン・ピエトロ大聖堂やサン・ジョヴァンニ・イン・ラテラーノ聖堂、あるいはヴァチカン宮殿（美術館）を訪れ、その歴史を実感し、美に触れることは、だれにでもできる。カトリック信徒でなくても、それは貴重な体験に違いない。西ヨーロッパのキリスト教芸術が残した、美の聖地を訪れることにほかならないからだ。

聖なるものと美なるものは、しばしば深いところで結びついている。その理由を問うのはむずかしいことだが、高度に発展した宗教の世界は、いつも洗練された美の世界を作り上げてきた。時代と宗教のいかんを問わず、聖なるものと美なるものは共に歩んできた、といっていいだろう。

サン・ピエトロ大聖堂をはじめとする、ローマの聖堂は、今も生きたカトリック信仰の場所である。ローマを訪れれば、いたるところでそれを実感することだろう。しかし同時に、それらは万人が共有しうる文化遺産、美の聖地でもある。そこではわれわれは、普段の生活や人生の煩いを忘れて、永遠なるものに触れることができる。

サン・ピエトロ大聖堂
Basilica di San Pietro

住所 Città del Vaticano
拝観 7:00 〜 19:00（夏季）
7:00 〜 18:00（冬季）
http://www.vatican.va/various/basiliche/san_pietro/index_it.htm

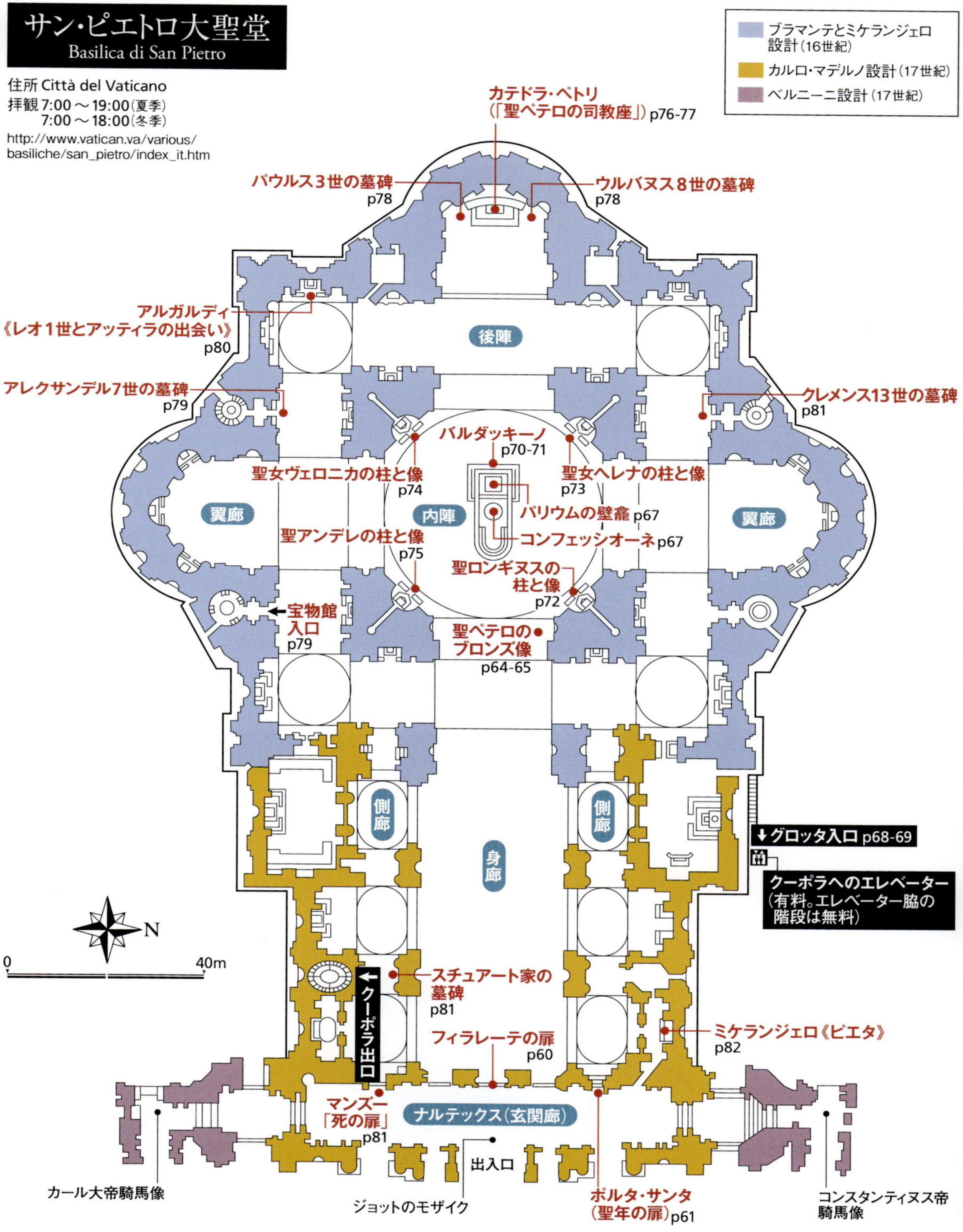

サン・ピエトロ広場
Piazza San Pietro

イタリアでは、広場はいつでも劇場や舞台に変わる。たとえば、サン・ピエトロ広場の真ん中あたりに立って、大聖堂を仰いでいる信者がいる。すると彼の姿が、大聖堂と柱廊を背景にした舞台の登場人物のように見えてしまう。また、大聖堂の左側には、教皇のウディエンツァ（謁見）用の近代的ホール［下］がある。だから、謁見を終えた、そろいの帽子をかぶった人たちや子供たちの一隊が、柱廊から広場にあふれ出てくることがある。その様子はまるで、オペラの一場面のように感じられる。ベルニーニの柱廊に囲まれ、サン・ピエトロ大聖堂を背景にしたこの広場は、確かにこの上ない舞台であり、劇場である。

先に述べたとおり、この広場は楕円形だが、実際は重なり合う2つの円から造られている。その証拠に、中央のオベリスクと左右の噴水とのそれぞれの中程に、「柱廊の中心」と書かれた円盤がある［56頁］。そしてこの上に立つと、柱廊の4列ある柱が重なり合って1列に見える。柱がすべて放射状に並べられているからだ。このバロックの魔術はぜひ体験するべきだと思う。幾何学的美を重んじたルネサンスの美学と、ダイナミックな効果をねらったバロックのそれとが、ここでは結合しているのである。この柱廊を建設させたのは、シエナのキジ家出身のアレクサンデル7世で、団子のように重なった山と星がその紋章だ。そして広場を設計したのは、バロックの天才ベルニーニである。実は、ベルニーニは「第3の柱廊」を造って、広場を完全に閉じるつもりでいた［40頁］。残念ながら、そのプランは実現されず、壮大なバロック的舞台になるはずだった広場は、未完のままになっている。

右／大聖堂の向かって
左奥にある謁見ホール。
左頁／ヴァチカンの
そこここで見かける修道女。

民族舞踊を披露する、
東欧からやってきた信者たち。

左・下／広場の南北にある centro del colonnato
（柱廊の中心）の上に立って柱廊を眺めてみると、
あら不思議、4列あるはずの柱が1本に！

クリスマスのイルミネーションが美しい。

上／広場中央には毎年、クリスマスシーズンになると巨大なツリーとプレゼピオ（キリスト生誕の場面を再現した人形飾り）がしつらえられる。これを目当てに訪れる観光客も多い。
右／2010年のプレゼピオ。人形たちは等身大。

ファサード
Facciata

サン・ピエトロ大聖堂のファサードを見ると、横長で、多少間延びしたような印象を受けるかもしれない。実は、左右の時計がある部分に、塔が2基建てられるはずだったのだ。しかし、いろいろな経緯からその計画が断念されて、現在の形に落ち着いた。もちろんこの大聖堂にも鐘はあるが、本来はもっと高いところから鳴り響くはずだったのだ。そのせいだろうか、サン・ピエトロの鐘の音が話題になることはあまりない。

また、現在のファサードの印象には別の要因も作用している。前章で書いたとおり、最初の設計者であるブラマンテや後を引き継いだミケランジェロは、集中式プランと呼ばれる、左右対称の聖堂を考えていた［39頁］。つまり、スイスの国旗のような十字形のプランで設計したのである。しかし最終的には、バジリカと呼ばれる伝統的な形の聖堂に設計変更され、今日の姿になったのだが、その結果、交差部にかかるクーポラがファサードに隠れて、先の方しか見えなくなってしまった。ブラマンテやミケランジェロが抱いていた、クーポラが完全に見え、それが建物を支配するといったイメージは、伝統と実用性を重んじた反宗教改革時代の意見に席を譲ったわけである。サン・ピエトロ大聖堂は120年もかかって建設された建物である。その間には、この設計変更のようにさまざまなことがあった。それにもかかわらず、できあがった建物はすばらしい調和と美を誇っている。

なおファサードの中央、破風の下に、「ボルゲーゼ家のパウルス5世」との文字が記されているが、1612年、ファサードを造らせて大聖堂を完成させたのは、この教皇パウルス5世である。設計したのは、スイスのティチーノ州出身の、初期バロックの最も重要な建築家、カルロ・マデルノだ。

ファサードの上にはキリストと洗礼者ヨハネ、
そして聖ペテロを除く11人の使徒の像が並んでいる。

右／入口中央にある「フィラレーテの扉」。
鍵を持つ聖ペテロ（パネル中央右）や
剣を持つ聖パウロ（同左）の姿が見える（15世紀）。
上／聖ペテロの殉教場面の浮き彫り（パネル右下）。

ナルテックス

Nartece

扉の堂内側最下部にはフィラレーテ（先頭＝右から2番目）と
弟子たちの楽しげな姿が、署名代わりに刻まれている。

右／現在の「聖年の扉(ポルタ・サンタ)」は1949年に設置されたブロンズ製で、聖書の逸話が刻まれている(ヴィーコ・コンソルティ作)。
下／扉の堂内側はコンクリートで固められ、上部にはモザイクによる聖ペテロの肖像(17世紀前半)が。

ファサードから中に入ると、まずナルテックスと呼ばれる玄関廊がある。そこから聖堂に入る扉は5つあり、中央の扉［右頁］はフィラレーテという15世紀フィレンツェ出身の彫刻家の作品である。つまり、この扉だけは、4世紀にコンスタンティヌス帝が建てた旧大聖堂にもともとあったものなのだ。そのうち右下のパネルには、聖ペテロの殉教の場面が表されている。聖ペテロは、ネロ帝の戦車競技場で逆さ十字にかけられたと伝えられるが、ブロンズの浮き彫りには、その戦車競技場が描かれている。

そして5つの扉のうち、一番右端にある小さな扉が、ポルタ・サンタ(聖なる扉)［上］だ。この扉は聖年(カトリックにおいて、25年ごとにローマを訪れる巡礼者に教皇が免償を与える1年)の年にだけ開かれる特別な扉である。この聖年の制度は、1300年にボニファティウス8世によって始められたものだ。聖堂の中に入って扉の裏側を見れば分かるのだが、裏側は壁で塗り込められている。だから聖年の始めと終わりに、教皇は金槌と壁塗りの鏝を手にポルタ・サンタ開閉の儀式を行う。

内部空間

Interiore

愛らしい天使たちが、まさかこんなに大きいとは……。

いよいよ大聖堂の中に入る。壮大な空間だ。ここでは通常のスケールが通用せず、これに慣れるためには何度か聖堂に通う必要がある、と昔のガイドブックは記している。確かに、はじめは面食らうかもしれない。しかし、その中にしばらく佇んでいると、ただ雄大なだけでなくよくバランスのとれた空間であることが分かり、大空間に包まれていることが心地よく感じられてくる。

正面入口の扉のすぐ内側を見ると、床面に金文字で、「ヴァチカンのサン・ピエトロ大聖堂186メートル」と記されている。これがこの聖堂の長さ（壁を含めると194メートル）だ。もちろん、世界で最も大きな聖堂である。比較のために、各地の主要な大聖堂の大きさが、聖堂内中央の床面に連綿と記されている。世界各地からやってきた信者は、自分たちの国の大聖堂がサン・ピエトロと比べるとどのくらいの大きさなのかが、分かるようになっているわけだ。

それにしてもみごとなパースペクティブである。そのまま佇んで、周囲を見渡してみよう。円筒形の天井までの高さは44メートルもある。多くの観光客が、この身廊部の左右で2人の幼い天使が支えもつ聖水盤［上］の前で記念写真を撮るが、それは大きさがよく分かるからだ。天井を支える巨大な柱には、上と下にニッチが設けられ、そこにはカトリック教会を支える修道会、たとえばフランチェスコ会やイエズス会などの創設者たちの像が飾られている。

大聖堂の入口近くから内陣を望む。

バルダッキーノの手前右側に座す聖ペテロ像。4世紀の作とする説もあるが真偽のほどは？

上・下／大聖堂を訪れる信者たちは、
誰もが真剣な面持ちで
像の足に触れてゆく。

サン・ピエトロ大聖堂は、3廊式バジリカの形式をとっている。つまり、中央に幅の広い身廊があり、その両脇に側廊があるのだ。そして、その身廊と交差するように翼廊が伸び、交差部の上に大クーポラがかかっている。

そのクーポラの下に、ブロンズ製の黒々としたバルダッキーノ（天蓋）がそびえ立って、聖ペテロの墓と教皇の祭壇を守っている。同時に、それはアプシス（後陣）に設置された「聖ペテロの司教座」（カテドラ・ペトリ）の装飾を、額縁のように囲んでいる。大理石と金を基調とする、巨大なアーチ群や柱のただ中にあって、このブロンズのバルダッキーノは色彩的にも空間的にも聖堂全体をしっかりと束ね、まるで聖堂を舞台のセットのように見せている。これこそが、バロックの真骨頂であるシェノグラフィック（舞台美術的）な感覚である。

そのバルダッキーノに向かって、身廊を進んでいこう。黒々とした偉容が次第に迫ってくる。その右手前、身廊右手の最後の柱の前に、天蓋の下に座す等身大の聖ペテロのブロンズ像［右頁］がある。この像については諸説あるが、一般にイタリア・ゴシック彫刻を代表する彫刻家の一人、アルノルフォ・ディ・カンビオの作品だとされる。信者が触れたり、接吻したりするので、右足がすり減ってしまっている。最も有名な聖ペテロ像だ。

クーポラと祭壇
Cupola ed Altare

聖堂の身廊と翼廊とが交差する場所を、交差部と呼ぶ。見上げると、ミケランジェロが設計した大クーポラが見える。太陽の光線が斜めから差すときなどは、すがすがしい光が満ちて、神々しいほどだ。雄大で、調和のとれた空間である。クーポラの直径は43メートルあり、高さは116メートルもある。クーポラは16の帯に分けられ、その下に16の窓がついている。建築家ミケランジェロは採光を重視したが、この窓の多さにもそれは現れている。しかし、このクーポラはミケランジェロの死後完成されたので、彼は完成した姿を見ることができなかった。また、今日あるような豪華なモザイク装飾は、ミケランジェロの念頭にはなかったものである。クーポラの内輪には、金地に黒の文字で、聖書（マタイ福音書16：18－19）に基づく言葉が記されている。「あなたはペテロ。わたしはこの岩の上にわたしの教会を建てる。そして、あなたに天の国の鍵を授ける」。聖ペテロとカトリック教会の権威を示す言葉だ。ペテロはイタリア語ではピエトロだが、石や岩のことをピエトラという。岩の上という表現には、ペテロの上、ペテロの墓の上、という意味が込められているとも受け取れる。

教皇の祭壇は、このクーポラの真下にはない。それを覆うバルダッキーノも後陣寄り、入口とは反対方向にかなり外れた位置にある。そのことは、左右の翼廊から見れば歴然とするが、なぜ中心を外れたのかというと、この教皇の祭壇が、聖ペテロの「トロフェーオ」、つまり聖ペテロの墓の真上に設けられたからだ。建築的な美を尊重してクーポラの真下に祭壇を作るべきだという意見もあったのだが、それよりも聖ペテロの後継者としての教皇の権威を示すことが重視されたのである。教皇の祭壇は、教皇その人しかミサをあげることができない、特別な場所である。その下には、ペテロの墓があり、それを示す「パリウムのニッキア（壁龕）」［下］は、大きく馬蹄形にくりぬかれたコンフェッシオーネ（告白）［上］と呼ばれる場所から見ることができる。パリウムは教皇が新任の司教に授ける肩衣のことだが、授ける前に、パリウムはこの聖なる場所に置かれるのである。

上／パウルス5世の命を受けた建築家カルロ・マデルノが1618年に完成した「コンフェッシオーネ」。
左／大聖堂の中心にして最も神聖な場所「パリウムの壁龕」は地下のグロッタ［68〜69頁］と同じレベルに位置する。

グロッタとネクロポリス

Grotte e Necropoli

上／歴代教皇や世俗の王たちの棺が並ぶグロッタ。このさらに一層下に古代のネクロポリス（墓地）がある。
中／１９２９年にヴァチカン市国を誕生させたピウス11世の墓所は荘厳なモザイクで装飾されている。
下／第２回ヴァチカン公会議の主催者パウロ６世（在位１９６３〜７８年）の代になるとシンプル＆モダンなデザイン。

ローマ時代のネクロポリスには20ほどのマウソレウム（墓廟）が残っている。左の《キリスト＝太陽神のモザイク》は、その装飾のひとつで、この墓所にキリスト教徒も埋葬されていたことがわかる。

16世紀に建設された現在の聖堂の床から、5メートルほど下が、4世紀にコンスタンティヌス帝が建てた旧サン・ピエトロ大聖堂の床のレベルである。新聖堂は最初、旧聖堂と同じ床の高さで建設が始まったが、途中で床が引き上げられた。というのはクーポラがあまりに高すぎると考えられたからである。そしてその時できた、最初の床と新しい床との間の空間に、今日「グロッタ」（洞窟）と呼ばれる地下礼拝堂・墓所が造られたのである。馬蹄形のコンフェッシオーネ［67頁］から見えるのは、このグロッタの床面だ。グロッタを見学するには、現在は、大聖堂をいったん出て、右手の入口から入るようになっている。ここを見学すれば、ペテロの墓の上にある記念碑と教皇の祭壇の位置が分かる。グロッタにはそのほか、前教皇ヨハネ・パウロ2世をはじめ、多くの教皇の墓がある。

その下の、ほんとうにペテロが葬られた場所を確認するには、大聖堂の左脇にあるスカーヴィ（遺跡）を管理する事務所で見学の予約をとる必要がある。このローマ時代のネクロポリス（墓地）は、戦車競技場のわきにあったなかなかりっぱなもので、聖ペテロが葬られたとされる場所はその一角にある。つまり、旧聖堂は古代ローマの墓地を埋め立てて造られたのだ。こんなことは皇帝にしかできない。ネクロポリスには、礼拝堂のような墓もあり、モザイクやストゥッコの装飾も残っている。サン・ピエトロ大聖堂のなんたるかを真に知りたい人は、是非見学して欲しい場所だ。

マンホールの穴から、大聖堂の床下に広がるグロッタを覗き込む。

バルダッキーノ

Baldacchino

　さて、聖堂に戻ろう。教皇の祭壇を覆い、ペテロの墓を守っているのが、バルダッキーノである。4本のねじれた巨大なブロンズの柱が天蓋を支えているが、このバルダッキーノという言葉はあまり一般的な言葉ではなく、バルダッキーノといえば、このベルニーニの作品をさすといっても過言ではない。バルダッコとはバグダッドのことで、バグダッドからもたらされた高級な布地で天蓋を作ったことから生まれた言葉だ。

　このねじれた柱は実にダイナミックで、そのためバロックの美学を表すといわれることがあるが、それは正確ではない。なぜかというと、エルサレムの神殿から運ばれたとされる12本のねじれた柱が、かつて旧大聖堂の祭壇の周囲に立っていたことが分かっており、ベルニーニはその伝統をふまえて、ねじれた柱を採用したからだ。しかし、伝統に従いながらも、結果的にもっともバロック的なモニュメントを創造したことは間違いない。なお、旧聖堂にあったねじれた柱のうち8本は、クーポラを支える4つの大支柱に設けられた、4つの聖遺物をまつる祭壇に使われている［72〜75頁］。そして1本は宝物館にあるが、他の3本の柱の行方は分からない。

　バルダッキーノは若きベルニーニが渾身の力を込めて制作した傑作だ。建築物とも彫刻作品ともいいがたい。また硬い石と柔らかい布を組み合わせ、それをブロンズに置き換えた点も、通常の事物の常識を破る、ある意味ではコンテンポラリーアートにつながるコンセプションである。このバルダッキーノが新しいバロック美術の誕生を示す作品だと見なされるのは、こうした総合性のためだといえる。

　このバルダッキーノをベルニーニに作らせたのは、バルベリーニ家出身の教皇ウルバヌス8世である。バルベリーニ家の紋章はミツバチだから、バルダッキーノの至る所にミツバチが見られる。

左頁／バルダッキーノは高さ29m。
材料のブロンズはウルバヌス8世の命により
古代建築「パンテオン」から調達した。
下／台座に刻まれたバルベリーニ家の紋章（ミツバチ）。

IN·HOC·VINCES
RVCIS·QVAM·HELENA·IMPERATRIX·E·C
ANVS·VIII·PONT·MAX·E·SESSORIANA·B
ADDITIS·ARA·ET·STATV
HIC·IN·VATICANO·CONDITORIO·C

四つの支柱 Pilastri

ジャン・ロレンツォ・ベルニーニ《聖ロンギヌス》1639年
4つの聖遺物を支柱の祭壇に安置したベルニーニはその下に、それぞれにゆかりの聖人の彫像を置いた。

アンドレア・ボルジ《聖女ヘレナ》 1639年
ベルニーニの弟子アンドレア・ボルジが手がけたヘレナ。
各彫像はそれぞれ高さ約4メートル半と巨大。

フランチェスコ・モーキ《聖女ヴェロニカ》 1632年
ドラマチックな身体の動きが、いかにもバロック的なヴェロニカ。

バルダッキーノを囲むように、先に触れた4つの巨大な支柱がある。ブラマンテが最初に建造した部分である。ベルニーニは、ウルバヌス8世からこの支柱の装飾も任された。4つの支柱には、サン・ピエトロ大聖堂が誇る4つの宝物、聖遺物をまつる祭壇が設けられている。そして、祭壇の下には、それぞれの聖遺物にゆかりの聖人の像が置かれている。聖ペテロのブロンズ像に近い、右手前の支柱の祭壇にあるのは、ローマの兵士だった聖ロンギヌス［72頁］の槍の穂だ。彼はキリストが息絶えたかどうか確かめるために槍で突いたから、その槍の穂はキリストの身体に触れた聖遺物なのである。一方、右奥の、コンスタンティヌス帝の母、聖女ヘレナの像［73頁］の上にあるのは、聖十字架の断片、キリストがかけられた十字架の一部だ。ヘレナがエルサレムで地中から掘り出し、ローマに持ち帰ったとされる。さらに左奥の支柱［右頁］には、ゴルゴタの丘に向かうキリストの額の汗をぬぐったという聖女ヴェロニカの布、キリストの顔が残ったとされる布がある。そして左手前の支柱［右］には、使徒の一人、聖アンデレの頭部が納められていた（1964年、聖人が世を去ったパトラスのギリシア正教会に返還された）。

キリスト教の聖堂は、全体が一つの大きな聖遺物器、聖人の遺体や遺物をまつる建造物だともいえるが、サン・ピエトロ大聖堂の支柱には、こうした宝物がまつられているのだ。このうち、聖女ヴェロニカの布は、サン・ピエトロ大聖堂に、つまりローマに巡礼する信者たちの一番の目的物だった。だから巡礼者たちは、サンティアーゴの巡礼者が貝のバッジをつけたように、ヴェロニカの布のバッジを胸や帽子につけるのが習わしだった。16世紀にモンテーニュは、この布のご開帳に信者が群がる様子を伝えている。

フランソワ・デュケノワ《聖アンデレ》 1640年
ブリュッセル出身の彫刻家デュケノワはやや古典主義的作風。

カテドラ・ペトリ
Cathedra Petri

アプシス（後陣）と呼ばれる一番奥の部分を見てみよう。ここにはベルニーニが晩年に制作した、「ペテロの司教座」（カテドラ・ペトリ）と呼ばれるブロンズの装飾（1666年）がある。広場と同じくアレクサンデル7世の命で作られたこの装飾も、バロック美術を代表する総合的な作品だ。ペテロの司教座というのは、初代の教皇とされるペテロが用いたという司教座である。教皇はさまざまなタイトルをもつが、ローマの司教というのが最初の、そして最も重要なタイトルである。つまり、ローマの司教であるがゆえに、全世界のカトリック教会の長なのであり、その司教の椅子は、ペテロの後継者たる教皇の正統性と権威の証でもある。その古いペテロの司教座は、巨大なブロンズ製の司教座の中に納められている。この司教座が修復されたときに作られた複製が宝物館に展示されているが、実際はペテロの時代のものではなく、9世紀のカロリング朝時代の作品であることが分かっている。しかし、ベルニーニの時代には、少なくとも一部はオリジナルだと信じられていたのだ。

この重要な遺品を納めたブロンズの司教座を、4人の教会博士が支えている。東方教会と西方教会から2人ずつ選ばれた博士たちは、リボンに指をかけているだけで、精神的な支えであることを示している。めらめらと燃え立つような博士たちの衣装と恍惚とした表情、そして神の光を囲んで飛翔する天使たち。究極のバロック美術だ。このように神の光の周囲に天使が舞うストゥッコ装飾を「グローリア」（栄光）と呼び、ヨーロッパ中で見られるが、このベルニーニのみごとさはあらゆる模倣作品を超越している。法悦と神秘の宗教性を秘めた造形は、バロック美術の最高傑作の一つである。

大聖堂の後陣に控えたベルニーニ作「カテドラ・ペトリ」を支えるのは西方教会のアンブロジウスとヒエロニムス（前列）、東方教会のアタナシウスとクリソストムス（後列）。

墓碑彫刻
Tombe dei Papi

上／ジャン・ロレンツォ・ベルニーニ《ウルバヌス8世の墓碑》
教皇の死の3年後、1647年に完成した。
左／グリエルモ・デッラ・ポルタ《パウルス3世の墓碑》
新聖堂に建てられた最初の墓碑。1549～77年

右／ベルニーニ最晩年の作品《アレクサンデル7世の墓碑》
1671〜78年　大理石、ブロンズ　650×680cm
下／アントーニオ・ポッライオーロ
《シクストゥス4世の墓碑》 1493年
聖堂の左側廊の奥から入る宝物館にあるブロンズの墓碑。宝物館には他にもドナテッロ作といわれる聖櫃や歴代の聖遺物箱、古代ローマの石棺などが展示されている。

カテドラ・ペトリの左右に、教皇の墓碑がある。左はパウルス3世の墓で、グリエルモ・デッラ・ポルタによる典型的なマニエリスムの作品だ［右頁下］。一方、右のそれは、バルダッキーノを作らせたウルバヌス8世の墓碑［右頁上］で、やはりベルニーニの作品である。ミケランジェロの強い影響を感じさせる16世紀のマニエリスムと、より自由な17世紀のバロックとの違いを見るには、願ってもない作例である。

このほかにも、サン・ピエトロ大聖堂には多くの墓碑があり、聖堂中に墓碑が設置されているといっても過言ではない。一方、聖堂内に置かれた祭壇画、つまり絵画作品は、若干の例外を除いてすべてが、モザイクで制作されたコピーに置き換えられている。そして原作はヴァチカン美術館（絵画館　ピナコテーカ）に納められている。その中には、ラファエッロやカラヴァッジョ、ドメニキーノ、プッサンといった有名な画家の作品も多い。だから、ここでは絵画には触れないでおこう。これに対して、墓碑を中心とする彫刻作品はすべてオリジナルであり、西洋彫刻史はこのサン・ピエトロ大聖堂の作品を抜きにしては語ることができない。

墓を美術作品として見ることには、抵抗があるかもしれない。しかし、西洋世界では人々はつねに墓碑を重要視した。ミケランジェロやベルニーニの例を見れば分かるように、西洋の彫刻家は、死と親しく付き合わなければならなかったのである。数あるサン・ピエトロ大聖堂の墓碑の中でも、旧聖堂から伝えられた墓碑は、インノケンティウス8世の墓碑とシクストゥス4世の墓碑［上左］の2つだ。どちらも15世紀フィレンツェの彫刻家ポッライオーロ兄弟の作品だが、後者は15世紀の作品としては最も大規模な墓碑の一つである。バロックの墓碑では、ベルニーニによる2つの墓碑が必見といえよう。一つは先に触れたウルバヌス8世の墓碑、もう一つはアレクサンデル7世のそれだ［上右］。どちらも、ベルニーニの重要なパトロンとなった教皇であり、このサン・ピエトロ大聖堂にも重要な貢献をしている。こうした墓碑は、教皇の像と石棺のほかに、美徳の寓意像を添えるという形式で作られることが多い。また墓碑ではないが、ベルニーニに次ぐバロックの彫刻家だったアルガルディの「レオ1世とアッティラの出会い」を描いた祭壇浮き彫り［80頁］は、彼の代表作として有名だ。

アレッサンドロ・アルガルディ
《レオ1世とアッティラの出会い》
1653年　大理石
左側袖廊の突き当たりにある巨大な浮彫。
5世紀半ば、時の教皇レオ1世はフン族の
首長アッティラと会見し、侵攻を食い止めた。

ジャコモ・マンズー《死の扉》(部分) 1964年
1950年の聖年に開かれたコンクールで入賞した作品。死をテーマに、聖書と現実の世界を交錯させて描く。右下で祈るのはヨハネ23世。

一方、バロックの後の新古典主義美術を代表するのは、アントーニオ・カノーヴァ（1757〜1822）だが、サン・ピエトロ大聖堂には彼の重要な作品がある。一つはクレメンス13世の墓碑［右下］であり、もう一つはスチュアート家の墓碑［下］である。とりわけ後者は、かつては非常に賞讃された。たとえばスタンダールは、サン・ピエトロ大聖堂に行ったら、まずこの墓碑の前でしばらく眺め、もしも感動しないようだったら美術鑑賞はやめておいた方がいい、とまで断言している。美術の趣味は、時代とともに変わってきたのである。

このほか墓碑の中には、20世紀の彫刻家たちの作品も少なからずある。日本でもよく知られているジャコモ・マンズーは、墓碑作品ではないが、大聖堂のナルテックス［60〜61頁］の一番左端の扉の浮き彫り［右上］を制作している。

右／アントーニオ・カノーヴァ《クレメンス13世の墓碑》 1792年
左／アントーニオ・カノーヴァ《スチュアート家の墓碑》 1819年
スタンダールが「その美しさを描写するのは不可能」と評した作品。

ピエタ

La Pietà di Michelangelo

ミケランジェロ・ブオナローティ《ピエタ》
1499年　大理石　174×195cm
1972年、暴漢によって傷つけられて以来、
ガラス越しにしか観ることができなくなったが、
その至高至純の美しさは変わらない。

大聖堂内を見学して最後に、あるいは聖堂内に入ってすぐに、見学者が鑑賞するのは、言うまでもなくミケランジェロのピエタ［右頁］である。ピエタは現在、聖堂に入ってすぐ右側の礼拝堂に安置されている。この若きミケランジェロの代表作は、旧大聖堂からの生き残り作品の一つである。この彫刻はフランス人枢機卿のために制作されたもので、ミケランジェロはこの像によって名声を得たわけだが、彼の作品としては唯一、署名が聖母の胸元の帯に記されている。また、この聖母が30歳過ぎの息子の遺体を抱く母にしては若すぎるという点が、つねに議論されてきた。ミケランジェロの伝記を書いた弟子のコンディーヴィは、この批判に対するミケランジェロ自身の言葉を伝えている。汚れのない聖なる処女は常にみずみずしいのだ、それを知らないのか、というのである。

現在のサン・ピエトロ大聖堂は、教皇ユリウス二世とブラマンテという、ルネサンス随一の野心家のパトロンと建築家によって建設が開始された。そして、今日見る建築に最も大きな貢献をしたのは、ミケランジェロである。彼の設計になるクーポラは西洋建築史上の一大傑作であり、ミケランジェロは晩年の多くの年月を、無償で聖堂のために費やした。そしてバルダッキーノなど、内部の整備と装飾、および広場の建設は、ベルニーニの創造力によっている。極言すれば、サン・ピエトロ大聖堂はミケランジェロとベルニーニという未曾有の天才のコラボレーションによってできた作品なのである。このような建築・美術作品が、またとあろうとは思われない。それも、ペテロの小さな墓の上に育った大樹の一つだといえるだろう。

この国のわずかな〝国土〟の約3分の1を占めるのが「ヴァチカン庭園」だ。イタリア式庭園やバラ園などの花や緑が広がるゆるやかな斜面に、行政庁（上の写真左下）や16世紀の瀟洒な小別荘、大小の噴水や聖母マリアの祠などが、ぽつんぽつんと姿を見せる。実は教皇に供する野菜も、この庭園の一角で丹精されているのだという。観光客の喧噪どころか、すれ違う人もほとんどないこの庭を歩いていると、本当に贅沢な気分に浸れる。だが、誰にでも門戸を開く大聖堂や美術館とは違って、一般人が庭園を歩くのは難しい。事前に予約の上、ガイドツアーに参加しよう。やはりここは、教皇庁の秘密の花園なのである。[編集部]（以下[編]）

庭園
Giardini

右頁／クーポラから見下ろすと西側に緑豊かなヴァチカン庭園がある。写真左端の大きな建物は行政庁。その手前には現在の教皇の紋章が刈込みによって記されている。
左／1560年代に建造された、ピウス4世のカジーナ（小別荘）の外壁を飾る繊細きわまりないモザイクに思わず見とれる。
下／「鷲の噴水」は17世紀のオランダ人芸術家ヤン・ファン・サンテンによる。鷲は依頼主パウルス5世の実家ボルゲーゼ家の紋章。

下右／聖ヨハネの塔。中世の建造物だがヨハネ23世（在位1958〜63年）が修復し、夏の別荘として使用。現在は、迎賓館としても機能している。
下中／19世紀、聖母が現れたという「ルルドの洞窟」の複製。
下左／もとはピーニャの中庭［96〜97頁］にあった聖ペテロ像。

ローマの四大バシリカ

サン・ジョヴァンニ・イン・ラテラーノ

San Giovanni in Laterano

ヴァチカン以前のカトリック総本山

1650年の聖年に向けて、ボッロミーニは彼のパトロンでもあったインノケンティウス10世にこの教会の修復を任されたが、教皇ができるかぎり元の姿を留めることを望んだため、十分には腕を振るえなかった。

聖年の布告をするボニファティウス8世。右内側の側廊、前から2本目の柱に残るフレスコ画。ジョットの作ともいわれる。

上／柱の意匠が美しいキオストロ（回廊）はヴァッサレット一族によって13世紀前半に造られた。
中／中世の碑文や彫刻を使ってリメークした壁の装飾は、ボッロミーニならでは！
下／ボッロミーニの本領が存分に発揮された側廊。

キリスト教世界最古の聖堂にして「全世界の母なる教会」。もともとはキリストに、後に洗礼者と福音記者の2人のヨハネに捧げられたのがここサン・ジョヴァンニ・イン・ラテラーノ聖堂である。キリスト教を公認したコンスタンティヌス帝が教皇メルキアデス（在位311〜314年）にラテランの地を譲渡した（313年頃）のが始まり。以降、およそ10世紀にわたってカトリックの中心として栄えたが、1309年、教皇クレメンス5世（在位1305〜14年）がアヴィニョンに居所を移された後は、火災に遭うなどしてさびれ果ててしまう。1377年、教皇グレゴリウス11世（在位1370〜78年）がようやくローマに戻るも、荒廃したラテランの地ではなくヴァチカンに居を構えて今に至る。いっぽう、打ち捨てられたこの聖堂は16世紀のシクストゥス5世、17世紀のインノケンティウス10世、18世紀のクレメンス12世によって修復され、本来あった姿とは異なるものの、みごとに再生した。

注目すべきは17世紀の奇才フランチェスコ・ボッロミーニ（1599〜1667）による内部装飾。身廊は天井まで届く列柱と壁龕に置かれた生命感溢れる十二使徒像が組み合わされ（ただし木製の天井や翼廊、アプシス［後陣］は前代のまま）、側廊には天使や自然物のモチーフをあしらった優美なアーチが連なる。これぞバロック建築の白眉。ベルニーニの好敵手であったもうひとりの天才の手腕を細部に至るまで堪能したい。［編］

住所　Piazza S.Giovanni in Laterano 4
拝観　7:00-18:45
http://www.vatican.va/various/basiliche/san_giovanni/index_it.htm

赤い斑岩の柱に支えられた
フーガ作のバルダッキーノ。1740年頃

ローマの四大バジリカ

サンタ・マリア・マッジョーレ

Santa Maria Maggiore

聖母信仰の証、奇跡に導かれた聖堂

シンプルなベルニーニ家の墓。
ここに、かのベルニーニが眠っている。
彼の息子の1人はこの教会の司教を務めていた。

右／コーヒーを愛飲していたというクレメンス８世
（在位１５９２〜１６０５年）の墓
左／慶長遣欧使節の支倉常長が謁見したパウルス５世
（在位１６０５〜２１年）の墓
ともに教会内のボルゲーゼ礼拝堂内にある。

431年、公式に聖母信仰が認められたことを祝して、時の教皇シクストゥス3世（在位432〜440年）により、現在のテルミニ駅からほど近いエスクイリーノの丘の頂に建造されたのがこの聖堂。アヴィニョン捕囚［35頁］の後、一時、教皇の住処となったことも。各時代に修復が重ねられてきたものの、四大バジリカの中ではもっとも原型を留めているとされる。

聖堂はいわゆる「バジリカ式」（長方形で奥に半円形のアプシスがある）で、イオニア式の美しい列柱が連なっている。列柱上部には旧約聖書の物語を描いたモザイク、祭壇上部アーチにはキリストの生誕と幼年時代を描いたモザイク（ともに5世紀の作。依頼主はシクストゥス3世）、さらにアプシスには13世紀末のモザイク《聖母の戴冠》（ヤコポ・トリッティ作）があって、堂内を鮮やかに荘厳している。主祭壇を覆うバルダッキーノは、この聖堂のファサードを設計した建築家フェルディナンド・フーガ（1699〜1781）の作。サン・ピエトロ大聖堂のベルニーニ作品と比べてみると面白い。主祭壇の右下には、まさにそのベルニーニの墓がある。うっかりすると見逃してしまいそうなほど質素な墓石は、彼の遺したあの壮大で劇的な作品群とは不釣り合いとも映るのだが……。

この聖堂には、建立にまつわる美しい伝承がある。4世紀半ば、教皇リベリウス（在位352〜366年）らの夢に聖母が現れて、数日内に雪が降った場所に聖堂を建てるよう告げた。真夏にも拘わらず、お告げのとおり雪が降ったのはほかならぬエスクイリーノの丘だった。その時建てられたのがこの聖堂だという。ただし、正確には現在の聖堂とは別の場所だったようだ。それでも、毎年8月5日のミサではこの伝承に従って、天井から真夏の雪を模した大量の白い花びらがまかれる。降りしきる花びらに埋め尽くされる祭壇……まさに奇跡のような光景ではないか。［編］

住所　Via C.Alberto 47
拝観　7:00-18:45
http://www.vatican.va/various/basiliche/sm_maggiore/index_en.html

ローマの四大バジリカ

サン・パオロ・フオーリ・レ・ムーラ

San Paolo Fuori le Mura

聖パウロの墓の上に建てられた壮麗な聖堂

上／ファサードのまばゆいモザイクは14世紀の作を19世紀に再現したもの。
右／アプシスのモザイクをよく見ると、依頼主のホノリウス3世（在位1216～27年）がキリストの足元に描かれている。
1220～30年頃

ベネディクト16世のお顔はライトアップされている。

南国風の植樹のせいか、どこかエキゾチックな中庭の中央には聖パウロ（パオロ）の巨大な大理石像がそびえ、その背後に控えるファサードには聖パウロと聖ペテロ、彼らを従えたキリストが描かれたモザイクが燦然と輝く。アウレリアヌス帝による城壁（271～275年に建造）の外側にあるこの聖堂は、もともとコンスタンティヌス帝が聖パウロの墓の上に建てた教会を、キリスト教の擁護者であった皇帝テオドシウス1世が再建したもの（386年）。ところが、1823年、火災によって大きな被害を受けたため、教皇レオ12世（在位1823～29年）の命によっておよそ20年の歳月をかけて現在の姿に修復された。

内部に足を踏み入れると、その壮大さに思わず息を呑む。列柱によって身廊と左右2つずつの側廊に区切られており、身廊の両側上部には歴代教皇のモザイクによる肖像が飾られている。もちろん現教皇ベネディクト16世のお顔も。4人の使徒とキリストを描いたアプシスのモザイクはインノケンティウス3世（在位1198～1216年）が発注したもの。ヴェネツィアのサンマルコ寺院にあるモザイクと同じ職人たち（後にホノリウス3世［在位1216～27年］が招いた）作品とされる。

また、モザイクや多色の大理石を施した、まるで飴細工のような柱が並ぶキオストロ（回廊）は、サン・ジョヴァンニ・イン・ラテラーノ聖堂のそれと同じくローマ随一の腕を誇った大理石職人ヴァッサレット一族によるもの（13世紀）。ともすれば威圧的なほどスケール感たっぷりの聖堂を巡った後で、この可憐なキオストロに出ると、ふっと緊張感から解放され、心がゆったりとほぐれていくのがわかる。［編］

住所　Via Ostiense 186
拝観　7:00-18:00
http://www.vatican.va/various/basiliche/san_paolo/index_en.html

右／キオストロの柱に施された細密なモザイク。
左／静寂に包まれたキオストロはまるで別世界。

コラム 2

教皇庁の内幕、教えます

文＋藤崎 衛

ティツィアーノ《パウルス3世と孫たちの肖像》
1546年　油彩、カンヴァス　210×176cm　カポディモンテ美術館
左奥にいる教皇の孫アレッサンドロがまとっているのが枢機卿の装束。

枢機卿とは何者か？

マントとベッレッタ帽の緋色が鮮やかな枢機卿たちは、教皇に次ぐ高聖職者であり、教皇の顧問団でもある。枢機卿《カルディナーリス》という言葉は蝶番《カルドー》に由来するとされているが、かれらは教皇庁においてまさに枢要な地位を占めている。

こんにち、枢機卿の役割は主に二つある。ひとつは、次項で触れるように新しい教皇の選出にかかわること。教皇が身《み》罷《まか》ったとき、教皇の職務を代行するのも、教皇選出会議《コンクラーヴェ》において後継者を選び出す選挙権を有しているのも、枢機卿である。

もうひとつの役割は、教皇庁をつくりあげているさまざまな組織の責任を担うことである。現在、教皇庁には官僚組織の中枢ともいうべき国務省、それ以外に教理省など九つの省、一二の評議会、三種類の裁判所、いくつかの事務局があるが、省の長官は枢機卿でなければならず、ほかの組織でも長官はほとんど枢機卿が務めている。

しかし、この集団はあくまでも中世以降、徐々に形成されたものだということを忘れてはなるまい。教皇は、教皇である前に、ローマ司教として教区内の助祭や司祭を監督する立場にあるが、古くからこれらの聖職者の助けを得ていた。五世紀頃には助祭枢機卿と司祭枢機卿の存在を確認することができる。やがて、ローマ教会に属するオスティアなど、近郊の七司教座の司教たちも教皇の補佐的役割を果たすようになり、司教枢機卿の地位を得るにいたった。

　このような経緯から、現在の枢機卿は居住地がローマを遠く離れていても、そのほとんどがローマ市内または近郊の教会を割り当てられている。

　顧問団を形成した枢機卿たちは、教皇が主宰する枢機卿会議で教皇庁にとって重要な問題を話し合うようになる。中世の半ば以降、現在にいたるまで、もはや彼らなしで教会の統治はありえないことから、枢機卿団が古代ローマの元老院にたとえられるのも、もっともなことである。枢機卿たちの間でややもすると派閥争いが起き、複数の教皇が擁立される教会分裂《シスマ》が何度か起ったのもまた、やむをえまい。

　当初、枢機卿になったのはローマ近郊の聖職者であったが、やがてイタリア各地、さらにヨーロッパ各地の出身者も数を増し、国際性を豊かにした。ローマから遠くに住む者にもその地位は与えられるようになった。一七世紀フランス絶対王政期の宰相で、アレクサンドル・デュマの『ダルタニャン物語』にも登場するリシュリューやマザランもまた、そのような枢機卿だった。現在では、二〇〇名近い枢機卿が世界各地に散らばっている（うち教皇選出の選挙権を有する者は約一〇〇名を数える）。

　初の日本人枢機卿が誕生したのは、二〇世紀も後半になってからのこと。一九六〇年に土井辰雄東京大司教が司祭枢機卿に任命されたのが始まりで、これまでに五人の日本人が緋色のマントを身につけた。ただし、白柳誠一枢機卿が二〇〇九年に亡くなって以降、日本人枢機卿は不在のままである（他の三名は田口芳五郎大阪大司教、里脇浅次郎長崎大司教、濱尾文郎大司教）。

時には命がけの教皇選 コンクラーヴェ

地上におけるキリストの代理人・教皇といえども、いつかはこの世を去り、その肉体は塵に戻る。およそ二〇〇〇年にわたり、二六〇人をこえる教皇が即位し、死によってその座を去った。後継者が枢機卿の選挙によって選ばれるまでは、枢機卿たちが教会行政の責任を負うことになる。

　歴史上最も長い教皇座の空位期間は、クレメンス四世（在位一二六五〜六八年）が死去してから一二七一年にグレゴリウス一〇世（在位一二七一〜七六年）が選出されるまでの二年と九ヵ月間あまりである。当時、教皇庁はローマの北方約七〇キロメートルに位置する町ヴィテルボに居を構えていたが、なかなか新しい教皇が決まらない状況に業を煮やした市民らが、枢機卿たちを閉じこめ、選挙を急がせるために食事を徐々に減らしたと言われる。しまいには宮殿の屋根をはがして風雨にさらしたと語る史料まであ

右／手前の建物がシスティーナ礼拝堂。
左上／ヴィテルボに残る教皇宮殿。
コンクラーヴェの語源となった選挙の舞台。
左下／システィーナ礼拝堂の鍵。
大きい方は出入口、小さい方は窓の鍵。

る。この間、二〇人の枢機卿のうち、三人が亡くなり、一人が退任したが、選挙期間が長引くことの弊害を悟った新教皇グレゴリウス一〇世は、第二回リヨン公会議において選挙についての法令を定め、選挙期間中は外部との接触を絶ち、食事を減らすことなどの制限を設けた。枢機卿たちは「鍵によって（クム・クラーヴェ）」閉じ込められた部屋で選挙をおこない、新しい教皇が選ばれるまでそこを出ることは許されなくなった。教皇選挙会を意味する「コンクラーヴェ」という言葉の起源は、ここにある。映画『天使と悪魔』は、まさにこの選挙を巡るサスペンスだった。

実は、カトリック信者の男子であればだれであれ、教皇として選ばれる資格がある。一二九四年に選出されたケレスティヌス五世（半年足らずで退位）のように社会から身を引いた隠修士で教皇に選ばれた例もある。しかし、一三八九年以降は、枢機卿以外で教皇の座についた者はいない。

一方、選挙する資格を持つのは、教皇が死去した時点で八〇歳未満の枢機卿である。教皇を選挙によって選ぶことじたいは古くからのならわしであったが、一一世紀になると、選挙人を枢機卿に限ることが明確に定められ、一二世紀には、教皇に選ばれるには三分の二以上の票を得ることが要件とされた。いずれも現代にいたるまで受け継がれている。枢機卿の数の増大にともなって投票者も増えてきており、現教皇が選出された二〇〇五年の選挙では世界各地の一〇〇名以上の枢機卿が投票した。システィーナ礼拝堂が初めてコンクラーヴェの会場となったのは一四九二年。一八七八年以降は常にここでおこなわれている。礼拝堂の煙突から黒い煙がのぼれば、教皇がまだ決まっていないことを示し、白い煙がのぼれば、新教皇誕生の知らせである。教皇は選出されるとただちにみずから教皇名を選び、枢機卿たちから従順の誓約を受ける。そして、首席助祭枢機卿が、サン・ピエトロ大聖堂の中央バルコニーからラテン語で「ハベームス・パパム！」と新しい教皇の誕生を宣言し、それが誰であるかを明らかにする。新教皇は、その後、「ローマ市と全世界に《ウルビ・エト・オルビ》」祝福を与える。

エクソシストは実在する！

エクソシストすなわち祓魔師《ふつまし》と言えば、わが国では一九七四年公開の映画『エクソシスト』でよく知られている。このため悪魔祓い《エクソシズム》はフィクションと思われがちだが、カトリックの世界においてはきわめて現実味がある。新約聖書をひもとけば、イエスはみずから悪魔を追い祓ったとあるし、近年までエクソシストはれっきとしたカトリックの聖職位であった。前教皇ヨハネ・パウロ二世はみずから悪魔祓いをおこなったと言われ、現教皇ベネディクト一六世も肯定的な声明を出している。また、二〇〇五年にはローマ郊外の教皇庁立レジーナ・アポストロールム大学で悪魔祓いの講座が始まった。ちなみに、最近公開されたアンソニー・ホプキンス主演の映画『ザ・ライト―エクソシストの真実』は実話にもとづいてエクソシストの内実を描いている。

　現在、日本には公式のエクソシストは存在しないが、イタリアには二〇〇〜三〇〇人のエクソシストが存在し、司教によって任命されたエクソシストは八〇人くらいと見つもられている。イタリアでは奇跡や超常現象を信じる人が多く、聖人崇敬も広く浸透している。神や聖人が奇跡を起こすのであれば、悪魔も同じくこの世界に介入して悪事を働くことができると人びとが考えるのは、ある意味で筋が通った話である。悪魔の憑依があるならば、悪魔を祓うエクソシストの存在意義があるというものだ。かくして、悪魔祓いは時代錯誤だと主張する教会関係者が少なくないにもかかわらず、その正当性を訴える聖職者は後を絶たない。

　さて、中世半ばまでのヨーロッパにおいては、ロマネスク芸術に見られるように悪魔は地獄の入口にとどまっており、実社会に直接介入してくる存在であるとは考えられていなかった。ところがその後、言うなれば悪魔たちが突如、人間社会に侵入してきたのである。中世末期のヨーロッパでは国家や君主の権力が拡張を見る一方で個人主義も強まったが、この二つの動きのせめぎ合いの中で、社会から排除された者たち、異端者たち、権力闘争の渦中にある者たちが、魔術使いであると告発されたり、悪魔と契約を結んで罪を犯したと非難を浴びるようになった。こうして、近代初頭にいたるまで猛威をふるう「魔女裁判」が始まったのである。

　やがて、悪魔との関係において能動的な魔術使いに次いで、受動的な「悪魔憑き」の現象が知られるようになる。なかでも「ルーダンの憑依」という、一七世紀フランスの女子修道院で起きた修道院長をはじめとする集団憑依と悪魔祓いの事件は、豊富な史料のおかげでよく知られている。二一世紀の現在、悪魔憑きを悪という抽象的な感化力とみるのか、悪魔という実体的な存在者の仕業とみるのか、または近代医学の守備範囲である精神障害とみるのか、それともケースバイケースで判断すべきなのか、エクソシストと教会はその根源的な問いに対峙している。

中世における、悪魔の
存在についての研究書。

至高美の饗宴
ヴァチカン美術館
Musei Vaticani

古代からルネサンス、バロックそして現代まで。
時空を超えた極上の美がここに……。

ブロンズの松ぼっくり（右奥）があることから
ついた名前は「ピーニャ（松ぼっくり）の中庭」。
手前はアルナルド・ポモドーロの《球体のある球体》。
1990年に制作された大作だが、時を経た周囲の建物や
その背後のサン・ピエトロ大聖堂のクーポラに、
なぜかしっくりと溶け合っているから不思議だ。

オリエント古代（エジプトとアッシリア）
古典古代（ギリシア＝ローマ美術）
エトルスキ＝イタリキ古代（古代ローマ以前のイタリア）
初期キリスト教美術と中世美術（3～14世紀）
ルネサンスから19世紀まで（15～19世紀）
民族学と歴史
現代の宗教美術（20世紀）

インフォメーション
見学コースの出発点
クローク
両替
オーディオガイド
電話
救急診療所
郵便局
エスカレーター
チケット売場
トイレ
エレベーター
身障者用エレベーター
身障者用階段
レストラン
カフェテリア
ミュージアムショップ
ブックショップ

修復などで公開されていない場合があります

ボルジア家の間
Appartamento Borgia

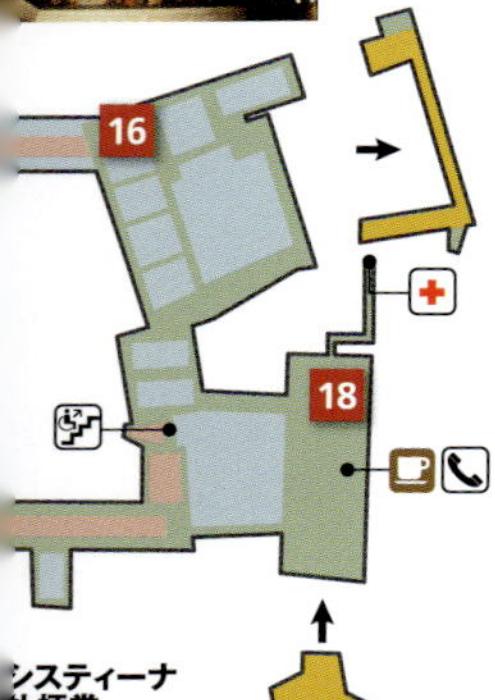

システィーナ礼拝堂
Cappella Sistina

現代宗教美術コレクション
Collezione d'Arte Religiosa Moderna

絵画館
Pinacoteca

初期キリスト教美術と中世美術（3～14 世紀）
ルネサンスから19 世紀まで（15～19 世紀）
※修復などで公開されていない場合があります

Ⓐジョット
《ステファネスキの三連祭壇画》
p130

Ⓑメロッツォ・ダ・フォルリ
《奏楽の天使たちと使徒》
p133

Ⓒメロッツォ・ダ・フォルリ
《ヴァチカン図書館長を指名するシクストゥス4世》
p133

Ⓓカルロ・クリヴェッリ
《聖母子》
p131

Ⓔペルジーノ
《聖母子と聖人たち》
p132

ラファエッロ
Ⓕ《聖母戴冠》
p128
Ⓖ《キリストの変容》
p129
Ⓗ《フォリーニョの聖母》
p129

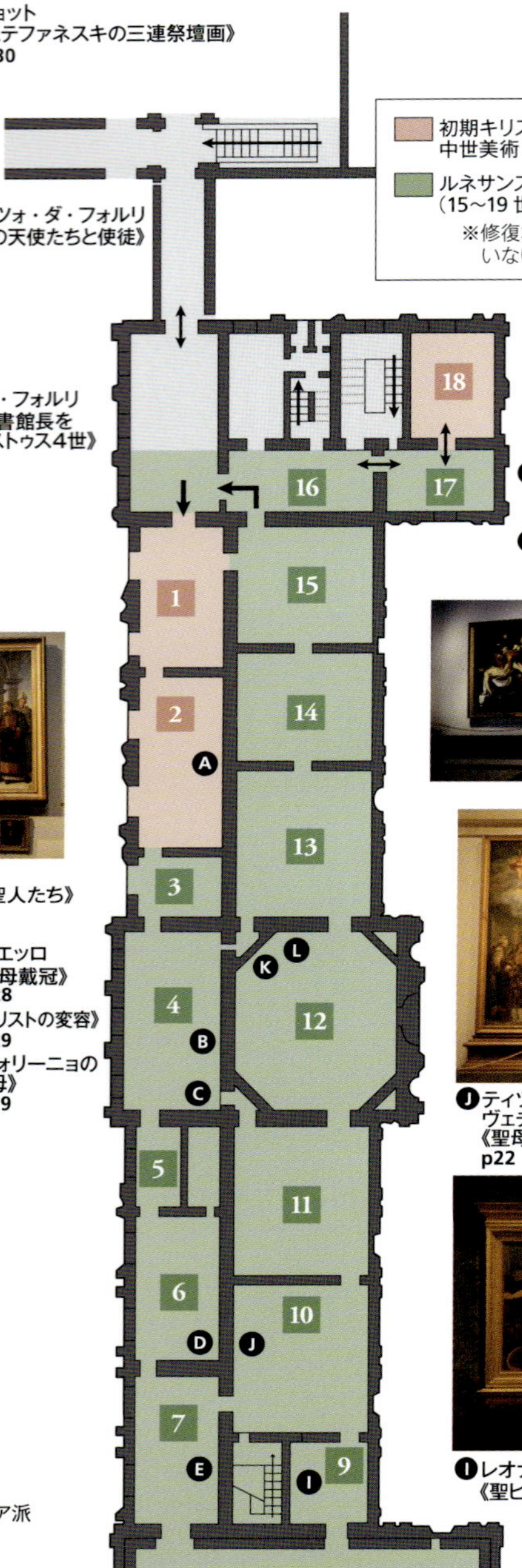

1 ルネサンス以前
2 ジョット派＋後期ゴシックの画家
3 フラ・アンジェリコほか
4 メロッツォ・ダ・フォルリほか
5 15世紀
6 多翼祭壇画
7 15世紀ウンブリア派
8 ラファエッロ
9 レオナルドと16世紀の画家
10 ティツィアーノと16世紀ヴェネツィア派
11 16世紀後半
12 バロック
13 17-18世紀
14 etc
15 肖像画
16 ヴェンツェル・ピーター
17 ベルニーニによる天使像の粘土モデル
18 ビザンティンのイコン

Ⓚカラヴァッジョ
《キリスト降架》
p134
Ⓛグイド・レーニ
《聖ペテロの磔刑》
p134

Ⓙティツィアーノ・ヴェチェッリオ
《聖母子と聖人たち》
p22

Ⓘレオナルド・ダ・ヴィンチ
《聖ヒエロニムス》 p134

N
0 10m

上階 piano superiore

6 グレゴリウス・エトルリア美術館 Museo Gregoriano Etrusco

12 ソビエスキイの間 Sala Sobieski

14 ラファエッロのスタンツェ Stanze di Raffaello

ラファエッロのロッジア Loggia di Raffaello

※通常は非公開

7 ビーガ（2頭立て戦車）の間 Sala della Biga

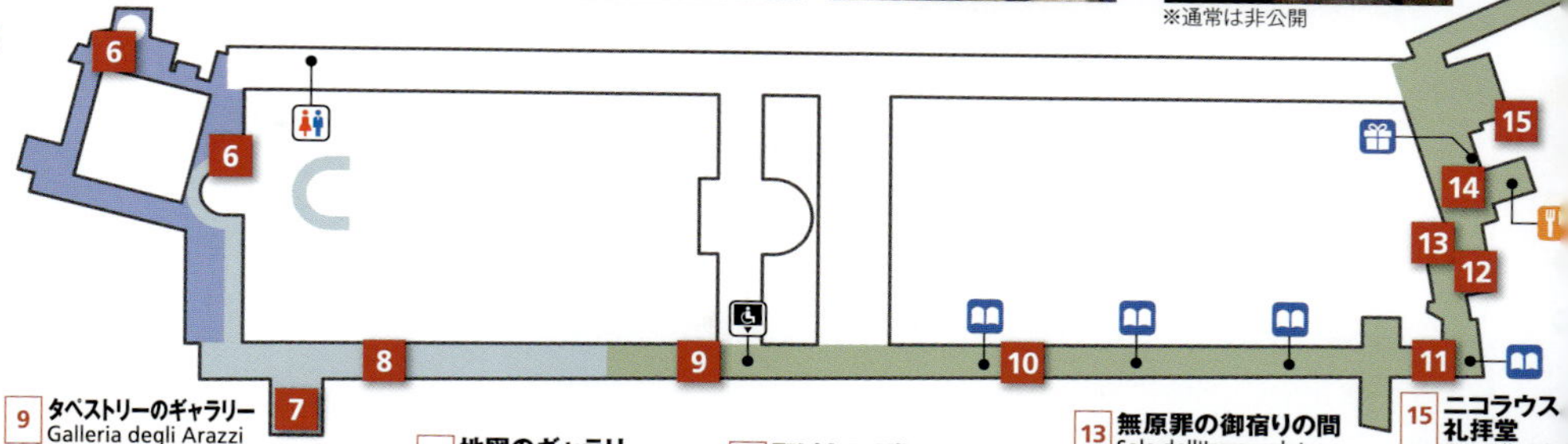

8 燭台のギャラリー Galleria dei Candelabri

9 タペストリーのギャラリー Galleria degli Arazzi

10 地図のギャラリー Galleria delle Carte Geografiche

11 聖ピウス5世のギャラリー Galleria di San Pio V

13 無原罪の御宿りの間 Sala dell'Immacolata

15 ニコラウス 礼拝堂 Cappella Nic

下階 piano inferiore

2 キアラモンティ美術館 Museo Chiaramonti

2' 石碑のギャラリー Galleria Lapidaria

3 ブラッチョ・ヌオーヴォ（新館） Braccio Nuovo

4 ピーニャの中庭 Cortile della Pigna

5 ピオ・クレメンティーノ美 Museo Pio-Clementino

1 グレゴリウス・エジプト美術館 Museo Gregoriano Egizio

入口 entrata

出口 uscita

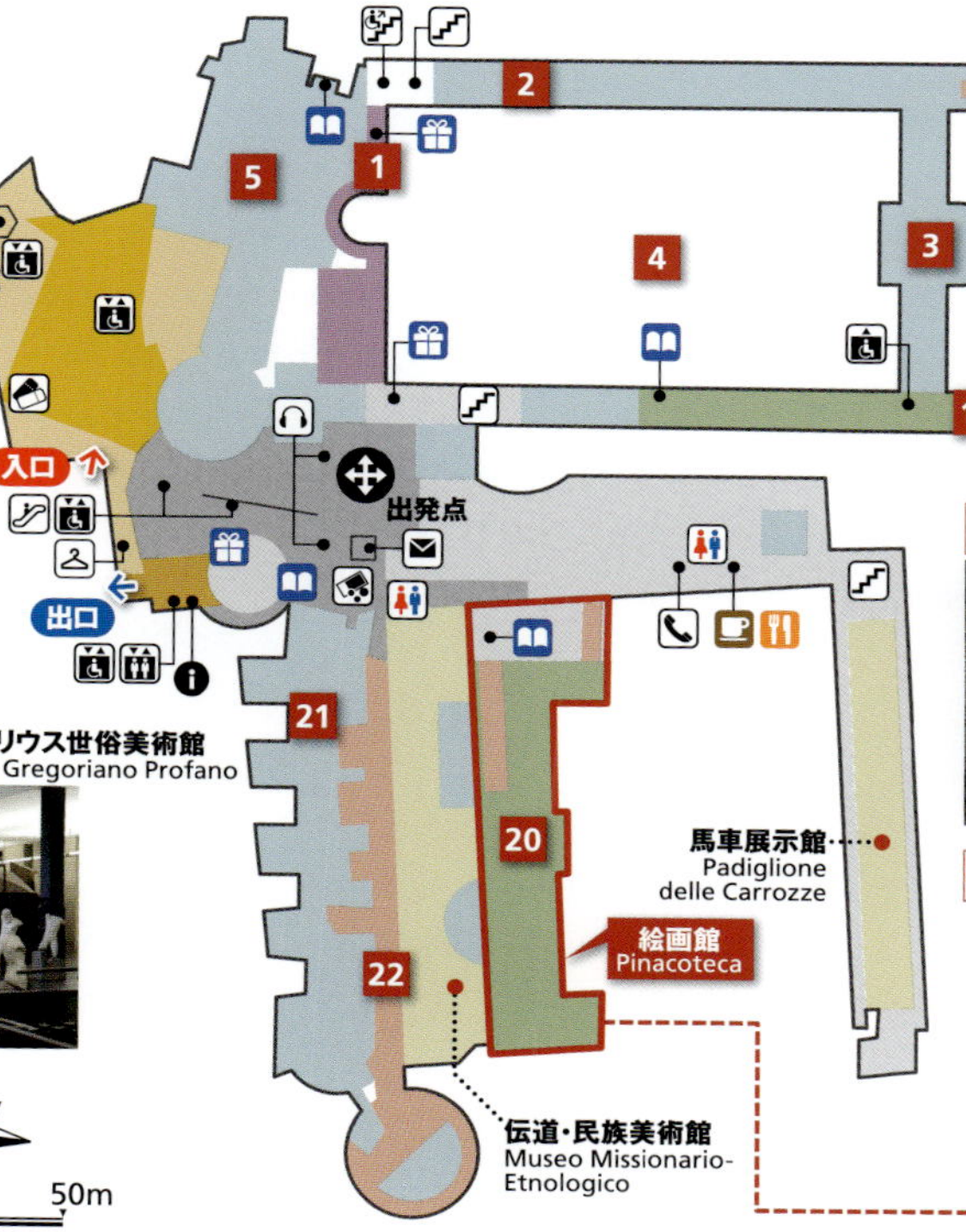

19 ヴァチカン図書館内の美術 Biblioteca Apostolica Vatica

22 ピウス・キリスト教美術館 Museo Pio Cristiano

21 グレゴリウス世俗美術館 Museo Gregoriano Profano

ヴァチカン美術館

開館 9:00-18:00（入館は16時まで）

★ 日曜休
（ただし毎月最終日曜のみ 9:00-14:00まで開館、無料。入館は12：30まで）、その他祝祭日休

http://mv.vatican.va/3_EN/pages/MV_Home.html

全館案内図

クーポラから望むヴァチカン美術館。左奥に「ピーニャの中庭」が見える。
右手前の切妻屋根がシスティーナ礼拝堂。

毎年400万人以上もの入場者を誇るヴァチカン美術館は、古代オリエントから現代美術までの多様な美術館・博物館群に、図書館、礼拝堂や宮殿の公開部分を加えると、20以上もの部門からなる巨大な複合体だ。名高いシスティーナ礼拝堂天井画［122～127頁］だけを観て足早に去っていく観光客も少なくないが、このミケランジェロの傑作も、同館が公開する膨大な美の遺産（所蔵品の総点数は15万点以上ともいわれる）のほんの一端に過ぎない。そして、カトリック総本山という場所柄、所蔵品の大半がキリスト教美術かと思えば、さにあらず。とりわけ、古代ローマ彫刻のコレクションは世界屈指の充実ぶりだ。

そもそも、ヴァチカン美術館の起源そのものが、ルネサンス時代の教皇ユリウス２世の熱心な古代彫刻蒐集だったのである［44頁］。そのため、アポロンやヘルメス、ラオコーンなど、異教の神々や異教の主題が、ここでは大いに幅をきかせている。広大な館内にはエジプト美術館やエトルリア美術館など〝異教〟が生んだ美術を存分に堪能することができるセクションも設けられている。このあたり、世界宗教カトリックの実力と余裕の顕われと言えようか。

膨大な展示品を全て観て歩くだけでも、とても1日では足りない。さらに、さりげなく床面を飾るモザイクが実はローマの遺跡から発掘された逸品だったり、思いがけない〝見もの〟も少なくない。ヴァチカン美術館の魅力を存分に味わいたいなら、たっぷりと時間をとっておくことをお勧めしたい。［編］

2000年に新しい入り口が完成し、
順路が一方通行となったため、
スムースに観覧できるようになった。
入場時に見学コースを示したチラシを
もらえるので、重点的に観たいところを
チェックしてから歩き始めると効率的。

《アヌビスの像》
1～2世紀　白大理石　高155cm　第4室
山犬の頭部を持つアヌビスは死者の魂を導く神。
ここではローマ風の衣装を身につけていて、左手に
ギリシア・ローマ神話の神ヘルメスを象徴する
蛇の巻きついた杖を持っていることから、
この2神が同一視されていたことがわかる。

グレゴリウス・エジプト美術館

Museo Gregoriano Egizio

《ヴァチカンの貴婦人》
前3世紀　アンティノエ出土
麻布　長200cm　第2室
古代エジプトで葬儀に使われた麻布。
故人(女性)の生前の姿を描き、
「ヴァチカンの貴婦人」と称される。
入念な修復作業を経て現在に甦った。

上／パルミラの墓碑レリーフ　3世紀前半　第7室
パルミラは古代シリアの都市で、1〜3世紀に栄え、ローマ帝国に滅ぼされた。奥の女性像はその服装から高貴な身分であったと推測される。
左／《ネクタネボ1世のトルソ》　前4世紀前半　第5室
エジプト第30王朝のファラオのトルソ。
1838年、ローマ近郊で発見されたが、来歴は不明。

1839年、グレゴリウス16世（在位1831〜46年）が創設。18世紀末頃から歴代教皇によって蒐集されたエジプトの遺品や、1〜2世紀頃ローマで作られたエジプト風の作品を展示。ハドリアヌス帝のティヴォリの別荘に飾られていた品々も。リアルな2体のミイラや副葬品、威厳に満ちた王族や神の像など、ローマやギリシアのそれとは異なる古代芸術の粋に触れることができる。9室に分かれた展示室には、エジプトを想わせる風景画や装飾が。

《メントゥホテプ2世の頭部》
前2010〜1998年頃　テーベ（現ルクソール）出土
黄砂岩　高60cm　第5室
対立していた南北王朝を統一した、
エジプト第11王朝のファラオの肖像彫刻。

ピオ・クレメンティーノ美術館
Museo Pio-Clementino

《ベルヴェデーレのアポロン》
１３０～１４０年頃　大理石　高２２４cm　八角形の中庭
前４世紀のギリシアのブロンズ像の模刻。
ユリウス２世が「八角形の中庭」に設置させた、
いわばヴァチカン美術館の始まりを作った作品のひとつ。
元々は左手には弓を、右手には矢を持っていたとされる。

《ウェヌス・フェリックス》
170年頃(前4世紀のギリシア彫刻の模刻)
大理石　高214cm　八角形の中庭
ヴィーナスとその息子キューピッド。
モデルはマルクス・アウレリウス帝の妃とも、
その義理の娘であるコンモドゥス帝の妻ともいわれる。

「円形の間」(第2室)
高さ22m、直径21.6mの円屋根は、
パンテオンを模して造られた(1780年頃)。

《コスタンツァの石棺》
350〜360年　斑岩　225×233×155cm　第1室
コンスタンティヌス帝の娘のための棺。

クレメンス14世(在位1769〜74年)が18世紀後半に創設、ピウス6世(在位1775〜99年)が完成させたことから、この2人の教皇の名を冠した古代彫刻の美術館。ベルヴェデーレ宮の中庭である「八角形の中庭」を中心とする12室に分かれている[44頁]。現在は効率を配慮して、当初とは逆回りで(第12室から)見学する。凜々しい青年像やさまざまな動物たちの像を眺めつつ、趣きの違った各室の雰囲気をも味わいたい。

《ベルヴェデーレのトルソ》 前1世紀 高159cm 第3室、
ムーサ達の間 圧倒的な存在感を示す、
筋肉隆々のたくましい胴体はミケランジェロも絶賛!

「ギリシア十字の間」(第1室)の床の
モザイク。知の女神アテナを描いた
3世紀の作で、ローマ近郊の
トゥスクルムの遺跡で発見された。

Museo Pio-Clementino

「動物の間」(第4室)
その名のとおり、獅子や豹、馬に豚、
そして蟹まで、あらゆる動物たちが集合。
床の古代モザイクも見逃せない。

キアラモンティ美術館
Museo Chiaramonti

石碑のギャラリー
Galleria Lapidaria

教皇宮殿とベルヴェデーレ宮(教皇の夏の住居)を結ぶ長い廊下状のスペースに教皇ピウス7世(在位1800〜23年)の約1000点に及ぶ古代彫刻コレクションが展示されている。教皇の命を受けた彫刻家アントーニオ・カノーヴァ[81頁]による陳列は現在もほぼそのままだ。居並ぶ皇帝たちの胸像に圧倒される。

キアラモンティ美術館の突き当たりにあるのが石碑のギャラリー(要観覧許可)。約3000点に及ぶ古代の石碑は18世紀に集められた。キリスト教のみならず、異教のものも含むさまざまな碑文がずらりと並ぶ。

ブラッチョ・ヌオーヴォ（新館）

Braccio Nuovo

祝福の神としてのナイル川の像。1世紀
ナイル川が氾濫すると水位が
16キュビト（古代の単位）上がるため、
16人の少年像があしらわれている。

やはりピウス7世によって造られた古代彫刻コレクションの展示棟。ナポレオンがパリに持ち去った彫刻の返還を待って着工したため、竣工は発案から約15年後の1822年であった。《プリマ・ポルタのアウグストゥス》[14頁]をはじめ、威風堂々たる彫像群が新古典主義様式の回廊にずらりと配されている。

《ユリウス・カエサル》
頭部はカエサルだが、胸部は別の人物のものとされる。

アントーニオ・カノーヴァ《ピウス7世像》 19世紀
ナポレオンと丁々発止とやり合ったことで知られる教皇。

グレゴリウス・エトルリア美術館

Museo Gregoriano Etrusco

上／古代ギリシアのアンフォラ(2つの持ち手とすぼまった首のある壺)が観られる陶器コレクションの間。

右／《トーディのマルス》　前5世紀末　高141cm
第3室、ブロンズの間
古代ブロンズ彫刻の希少な一例。
戦いに赴く兵士が神に捧げる酒を地に注ぐ姿。

エジプト美術館同様、グレゴリウス16世により1837年に開館。エトルリア南部(現ラツィオ州)の古代墓地から発掘された品が中心。22室に分かれ、鉄器、ブロンズ、石、テラコッタ、金細工などなど……エトルリア文化の豊饒さにただ感じ入る。

第17〜22室を占める「陶器コレクションの間」にはエトルリアで発見されたギリシア陶器のコレクションが展示されていて、両者の交流の証を目にすることができる。

《ネンフロ(凝灰岩)製の2頭のライオン像》
前6世紀末　高57・0cm(右)　第4室、石の間
墓の入り口で、死者を現世から守る役割を担っていたらしい。狛犬の元祖か？

タペストリーのギャラリー

Galleria degli Arazzi

もともとは絵画が掛けられていたが、1838年以降タペストリーが飾られている。必見はクレメンス7世の治世(16世紀)にラファエッロの弟子達が描いた下絵に基づいて、ベルギーの工房で織られた作品(1524~31年)。テーマはキリストの生涯。

ビーガ(2頭立て戦車)の間

Sala della Biga

その名の通り、部屋の中央には2頭立ての戦車(1世紀)が。これはかつて司教座として使われていたもの。周囲にはディオニュソスや円盤投げ選手の像(ギリシア彫刻のローマ時代の模刻)が配されている。

燭台のギャラリー

Galleria dei Candelabri

アーチの下に巨大な燭台が置かれていることからこの名で呼ばれる。廊下風の空間であるため、ついさっさと通り過ぎてしまいがちだが、実は《ガチョウを絞める少年》などユニークな小像がたくさん展示されている。レオ13世時代(19世紀後半)に描かれた天井画にも注目。

古代イタリアを描いた地図。
通路を挟んだ向かい側には
製作当時(1580〜83年)の
イタリア地図がある。

地図のギャラリー

Galleria delle Carte Geografiche

天地学研究者イニャーツィオ・ダンティの下絵をもとに描かれたイタリア各地の地形図(1580〜83年)が40点、奥行120メートルのギャラリーに飾られているさまは壮観。往時のローマをはじめ各都市の様子が偲ばれ、細部を観察していると時が経つのを忘れてしまう。歴史や地理に興味を持つ人はぜひ。

南側(現在の出口)の壁には当時の四大港であった
チヴィタヴェッキア、ジェノヴァ、ヴェネツィア、
アンコーナが描かれている。

ラファエッロのスタンツェ
Stanze di Raffaello

ラファエッロと工房《シャルルマーニュ(カール大帝)の戴冠》
1516〜17年　フレスコ　底辺770cm　ボルゴの火災の間
カール大帝に冠を授ける教皇レオ3世のモデルは、
この絵の注文主で、ラファエッロを寵愛したレオ10世。

ラファエッロ《アテネの学堂》 1509～10年 フレスコ 底辺770cm 署名の間
古代ギリシアの学者たちのモデルは、ルネサンスの芸術家たち。中央向かって左のプラトンはレオナルド、階段前で頰杖をつくヘラクレイトスはミケランジェロ[127頁右中]、右前景でかがんでいるユークリッドはブラマンテ、ラファエッロ自身も右端の人物の陰に登場している。

ラファエッロ（1483～1520）がヴァチカンに招かれたのは、わずか25歳の時だった。サン・ピエトロ大聖堂の造営を進めていた同郷のブラマンテ［36～37頁］の推薦によるものという。教皇ユリウス2世（在位1503～13年）の厳しい眼鏡にもかなったラファエッロは、既に仕事にあたっていた先輩画家たちを差し置き、「署名の間」をはじめとする教皇の居室（スタンツェ）の装飾を全面的に任せられたのだった。早熟とはいえ、当時ラファエッロはほとんど無名の画家である。この異例の抜擢と見事な仕事ぶりが、ラファエッロを一躍若き大画家に押し上げることになった。

ラファエッロの栄華は、史上最年少の38歳で教皇となったレオ10世（在位1513～21年）との出会いで頂点を極める。メディチ家出身の文人教皇の享楽的な貴族趣味が、画家の快活な資質と合致したのだ。ラファエッロは教皇の寵愛にこたえるように、「ボルゴの火災の間」の4つの壁画全てにレオを登場させ、その栄誉を讃えている［115頁］。自画像［116頁］に見るような柔和な美男子ラファエッロと、「最年少にして最も醜男の教皇」と揶揄されたレオの甘く優雅な宮廷生活は、ミケランジェロとユリウスの一触即発の関係と好対照をなすといえよう。［編］

左頁／ラファエッロと工房《ボルゴの火災》 1514年
フレスコ 底辺670cm ボルゴの火災の間
教皇レオ4世(在位847～855年)が十字を切るとローマの行政地区(ボルゴ)の火災が止んだという奇跡を描く。モデルは、やはりレオ10世。

ラファエッロを支えた2人の教皇レオ10世とユリウス2世。
右／作者不詳（ラファエッロの原画に基づく）
《レオ10世と2人の枢機卿の肖像》（部分）　コーク子爵コレクション
左／ラファエッロと工房
《グレゴリウス9世が教皇令集を受け取る》（部分）
署名の間　1508～11年　ユリウス2世がモデル。

醜男ながら名モデル、
レオ10世。
左／《レオ10世のメダル》
ブロンズ　直径3.94cm
ヴァチカン図書館
下／ラファエッロと工房
《大教皇レオと
アッティラの会見》（部分）
ヘリオドロスの間
1511～14年

ラファエッロ23歳の《自画像》
1506年　油彩、板　47.5×33cm　ウフィツィ美術館

ラファエッロのロッジア
Loggia di Raffaello

多忙の人気画家となり、大工房をかまえたラファエッロは、「ボルゴの火災の間」の頃（1514〜17年頃）になると、自らの素描をもとに、壁画のほとんどを助手たちに制作させるようになった。さらにこの時期のラファエッロは、30代前半という若さにもかかわらず、サン・ピエトロ大聖堂造営の総監督、教皇庁の古代ローマ美術品管理官、ローマ都市計画監督官という役職まで与えられ、その多忙に拍車がかかる。「ラファエッロのロッジア（開廊）」では工房制作が一段と進み、ストゥッコ（漆喰）による浮彫装飾などは、ジョヴァンニ・ダ・ウーディネが担当したが、古代の神々、動物、職人たちの仕事ぶりなど、その多様な図像には総監督のラファエッロが当然関与したはずであり、そこには彼のアート・ディレクターとしての手腕が存分に発揮されているといえよう。同じ「ロッジア」に用いたグロテスク文様も、彼ならではのアイデアである。この文様は、動植物、人間などのモチーフを曲線模様で繋げる、ローマ時代の複雑な文様で、古代美術に詳しかったラファエッロだからこそ、これを復活させることができたのだ。ちなみにこの文様は、以後「ラファエレスク文様」とも呼ばれるようになる。

ヴァザーリによれば、ラファエッロは弟子たちには我が子のような愛情で接するとともに、「たいへん女好きで惚れやすい人」でもあったという。この「王侯貴族のごとく生きた人」は、37歳の誕生日に急病で没する。そのあまりに早すぎた死は、ラファエッロの才能に対する「神々の嫉妬」とも言われたのだった。［編］

残念ながら、申請を受理された
研究者のみ見学可能。
上／複雑で繊細華麗なグロテスク
文様は、古代ローマの遺跡、特に
ネロのドムス・アウレア（黄金の宮殿）
を参照したとされる。
下／古代建築の装飾を見事に再生！

無原罪の御宿りの間

Sala dell'Immacolata

1854年、ピウス9世（在位1846～78年）によって公認された「無原罪の御宿り」（聖母の受胎は原罪の穢れなしに成されたというカトリックの教義）をテーマに描かれたフレスコ画（F.ポデスティ作）のある部屋。

ソビエスキイの間
Sala Sobieski

ポーランドの画家ジャン・マテフコの大作《ソビエスキイ、ウィーンを解放する》(1883年)が掛けられていることからこの名がついた。他にも19世紀の絵画が展示されている。

現代宗教美術コレクション
Collezione d'Arte Religiosa Moderna

約600点のキリスト教をテーマにした20世紀の美術作品が収蔵されている[右頁上]。パウロ6世(在位1963〜78年)が芸術家たちに向けて、教会が同時代美術と関わることの重要性を呼びかけたことがコレクションのきっかけだった。ゴッホやゴーギャン、ルオーといった20世紀を代表する大家はもちろん、マリーノ・マリーニ、ルーチョ・フォンターナらイタリアの芸術家たちの作品も。ヴァチカン美術館が決して過去の遺産だけで成り立っているわけではないことがリアルに感じられるスペース。

グレゴリウス世俗美術館
Museo Gregoriano Profano

グレゴリウス16世(在位1831〜46年)によるコレクションをヨハネ23世(在位1958〜63年)がラテラーノ宮殿から移送、1970年から公開されている。教皇庁によって発掘されたローマ時代の彫刻や石棺、レリーフなどが中心。

※ほかに、キリスト教関連の遺品を収めたピウス・キリスト教美術館(Museo Pio Cristiano)、各時代のタペストリーが展示されている聖ピウス5世のギャラリー(Galleria di San Pio V)、アジア、アメリカ、オセアニア、アフリカなどの宗教美術を展示する伝道・民族美術館(Museo Missionario-Etnologico)、教皇の馬車や自動車を飾る馬車展示館(Padiglione delle Carrozze)、歴代教皇にまつわる遺品や史料を集めたヴァチカン歴史博物館(Museo Storico dello Stato Pontificio ラテラーノ教皇宮殿内)もある。

「奥儀の間」(第6室)を飾るピントゥリッキオ《復活》。1493年
左端はアレクサンデル6世、槍を持つのはチェーザレ・ボルジア?

ボルジア家の間
Appartamento Borgia

ボルジア家出身のアレクサンデル6世(在位1492～1503年)がペルージャ派の画家ピントゥリッキオ(1454～1513)に1492年から6年間にわたって装飾させた私室の総称で、教皇宮殿の2階部分を占めるため、公開されていない部屋もある。《受胎告知》をはじめとするピントゥリッキオ作のフレスコ画、壁や天井に施された繊細な漆喰細工は必見。ヴァチカン美術館内の密かな「穴場」として塩野七生さんも注目している。

アレクサンデル6世の書斎だった「自由七学芸の間」(第4室)は、
現在では、現代宗教美術コレクションの展示室としても使われている。

《ヘクトルの身体をひきずるアキレス》
3世紀のモザイク　アルドブランディーニ家の結婚の間

ヴァチカン図書館内の美術館

Biblioteca Apostolica Vaticana

シクストゥス5世時代（1586〜88年）に
建造された「シクストゥスの間」の
出入口の上には、サン・ピエトロ広場に
オベリスクを運ぶさま（1586年5〜9月）
がフレスコで描かれている。

《玉座の聖母》　パウロの間
1922年、ピウス11世に
贈られたステンドグラス。

　システィーナ礼拝堂の建立で知られるシクストゥス4世（在位1471〜84年）［133頁］が1475年に創設したヨーロッパ初の図書館（本の収集自体は4世紀頃に遡る）。その後、拡張を続け、現在では300メートルに及ぶ通廊に「宗教美術館」やいくつかの小部屋が並ぶ、館内美術館の一角がある。教会の史料や古文書、装飾品、絵画などが展示されているほか、絵葉書や図録、グッズを販売するショップも充実。ちなみに図書館は入り口が別で、入館には推薦状が必要だ。

システィーナ礼拝堂
Cappella Sistina

「アダムの創造」(部分)
ミケランジェロ《システィーナ礼拝堂天井画》より
1508～12年　フレスコ　4120×1320cm

書物を読み終えた「リビアの巫女」
ミケランジェロ《システィーナ礼拝堂天井画》より

「アダムとエヴァの原罪」(部分)
ミケランジェロ《システィーナ礼拝堂天井画》より

ミケランジェロ《最後の審判》(正面の祭壇画)
1536〜41年　フレスコ　1440×1330cm
天井画の完成から20数年後、パウルス3世の依頼で着手。総勢391名の人物が描かれた大迫力の画面には、ローマ中が驚愕したという。

左／ミケランジェロ《システィーナ礼拝堂天井画》より「樫の飾り網を背負う青年裸体像」
樫（ローヴェレ）はユリウス2世（ジュリアーノ・デラ・ローヴェレ）の一族の象徴。

上・中／ユリウス2世（上／作者不詳）とミケランジェロ（中／ラファエッロ《アテネの学堂》より）は似たもの同士！
下／ミケランジェロ《システィーナ礼拝堂を描く自画像》
1511年頃　カーサ・ブオナローティ

天地創造神話をダイナミックに展開するシスティーナ礼拝堂の天井画は、その主題のように劇的な、2人の巨人の闘いから産み落とされた。ともに「恐るべき男」と畏怖される、ユリウス2世とミケランジェロ（1475〜1564）である。そもそもユリウスは、ミケランジェロに依頼した自らの墓碑の制作を一方的理由で中断させていた。ミケランジェロは、そんなユリウスに嫌気がさして一旦はローマを出奔したのだが、我が儘な教皇から逃れられるどころか、システィーナ天井画という困難な大仕事を押しつけられることになる。この時、ユリウス65歳、ミケランジェロ33歳。彫刻が本領のミケランジェロは天井画制作を辞退しようと手をつくすが、教皇は頑として聞かない。怒れる教皇を前に、ついに折れた芸術家は、引き受けたとなると全身全霊をかけて制作にのめりこみ、当初の構想を遠大なものに膨らませていった。短気なユリウスは、絵の内容には口出ししなかったものの、自ら足場に上がって完成の催促を繰り返し、相手が動じないと見ると、お前を足場から突き落とすと恫喝。しかし両者は本質的によく似た気質の人物であり、うちとけた調子で会話したという。天井画の完成は4年半後、我の強い大教皇と気難しい大芸術家は、無言の信頼の上で激しくぶつかり合い、未曾有の芸術をつくり上げたのである。［編］

絵画館
Pinacoteca

第8室はラファエッロ作品と、タペストリーを展示。
中央／ラファエッロ《キリストの変容》
1516〜20年　テンペラ、板　410×279cm
右／ラファエッロ《聖母戴冠》
1502〜03年　テンペラ、カンヴァス　272×165cm
左／ラファエッロ《フォリーニョの聖母》
1511年頃　テンペラ、カンヴァス　308×198cm

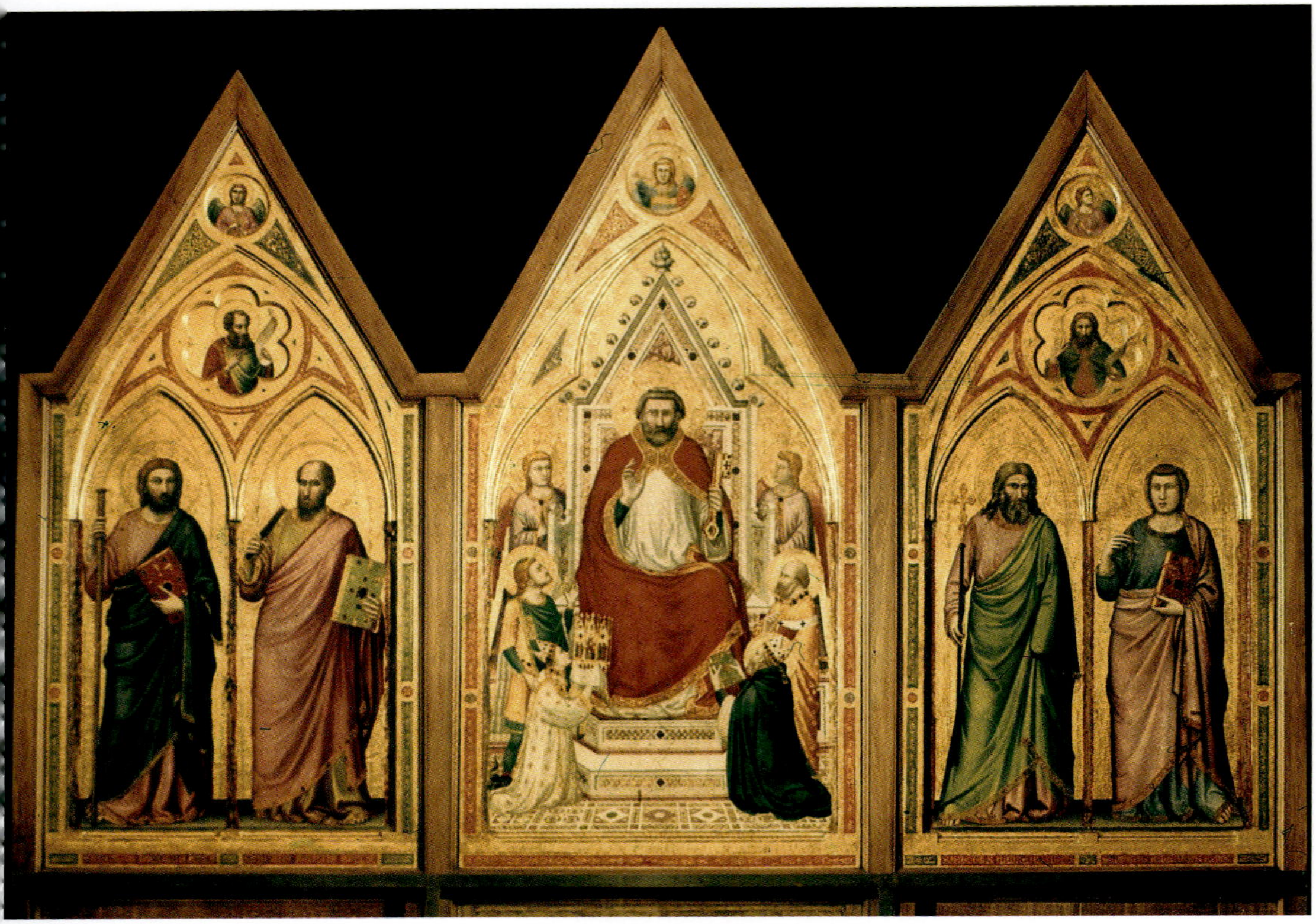

1816年、かつてローマ教皇領から奪われた多数の絵画がフランスから返還されたのを機に、時の教皇ピウス7世（在位1800～23年）によって設立。現在の美術館はサン・ピエトロ大聖堂を改修したピウス11世在位中（在位1922～39年）の1932年に開館した。ルネサンス以前から19世紀に至るキリスト教絵画（イコンや肖像画も含む）が18室にわたって時系列に並んでおり、西欧美術史の流れが手にとるようにわかる。どの室も名画のオンパレード。絵画館だけを目当てに来館する人も少なくない。

旧サン・ピエトロ大聖堂の主祭壇画。
聖ペテロの左下にいるのが
依頼主のステファネスキ枢機卿。
厳かな黄金のパネルに
聖人たちの衣の色彩が映える。
玉座のキリストが描かれた裏面も必見。
ジョット《ステファネスキの三連祭壇画》
1320年頃　テンペラ、板
178×89cm（中央パネル）　第2室

かの澁澤龍彦も愛した画家クリヴェッリの、煌びやかで妖しい聖母子。
カルロ・クリヴェッリ《聖母子》
1482年　テンペラ、カンヴァス　105×67cm　第6室

ペルージャの守護聖人たちに囲まれた聖母の冴えざえとした美しさ!
ペルジーノ《聖母子と聖人たち》
1495〜96年　テンペラ、板　193×165cm　第7室

上／清らかな天使たちに迎えられる第4室。左の壁に並ぶのは、メロッツォ・ダ・フォルリ《奏楽の天使たちと使徒》の断片　1480年　フレスコ

左／メロッツォ・ダ・フォルリ《ヴァチカン図書館長を指名するシクストゥス4世》（部分。全図［370×315cm］は上の写真奥）1477年頃　フレスコ（カンヴァスに移置）

左頁／ジュゼッペ・モモ設計の
螺旋階段（1932年）。
2000年までは入口だったが
現在は出口となっている。

右／行方不明になったり切断されたり、
数奇な運命をたどってきた作品。
レオナルド・ダ・ヴィンチ《聖ヒエロニムス》
1482年頃　油彩、板　103×74cm　第9室
下／バロック美術の粋を集めた第12室。
右はグイド・レーニ《聖ペテロの磔刑》
1604〜05年　油彩、板　305×171cm
左はカラヴァッジョ《キリスト降架》
1600〜04年　油彩、カンヴァス　300×203cm

コラム 3

ここが気になるヴァチカンの裏話

文＋藤崎 衛

聖顔布ヴェロニカ伝説

サン・ピエトロ大聖堂内の交差部には、四隅に聖ロンギヌス、聖女ヘレナ、聖女ヴェロニカ、聖アンデレの聖人像が配置されている［72〜75頁］。これらの聖人は、大聖堂にちなむ聖遺物に関係している。すなわち、ローマ兵士ロンギヌスがキリストの体を突いた槍先、コンスタンティヌス大帝の母ヘレナがエルサレムで発見した聖十字架の木片、ヴェロニカが十字架を背負ってゴルゴタの丘へ向かうキリストの顔をぬぐった布、ギリシアのパトラスでローマ総督に処刑された一二使徒のひとりアンデレの頭部である（ただしアンデレの頭部は一九六四年にパトラスに返還された）。とくにヴェロニカの布は最大の聖遺物とも言うべきものだ。ヴェロニカがキリストの顔をぬぐったときに面影が残ったということで、スダリオ（死者の顔に掛ける布）、ヴォルト・サント（聖顔）、あるいはヴェロニカと呼ばれ、中世から熱烈な崇敬を集めてきた。

中世において、ローマはエルサレム、サンティアーゴ・デ・コンポステラと並ぶ三大巡礼地のひとつであったが、巡礼たちは衣服や帽子に聖顔の印をつけてローマ、とりわけサン・ピエトロをめざした。一三世紀には、サン・ピエトロの聖堂参事会員たちは公現祭（一月六日）後の第二日曜日に聖顔布ヴェロニカを金・銀・宝石でできた器に入れ、大聖堂からテヴェレ河近くの聖霊救護院まで宗教行列を組んでねり歩いたという。また、ダンテは『神曲』の中で、巡礼たちのヴェロニカ崇敬についてこう言及している。

〈ヴェロニカの御《み》姿絵《すがたえ》を見にクロアチアあたりから出て来た田舎者が久しい間の渇望であっただけになかなか飽き足らず、「わが主イエス・キリ

右／サン・ピエトロ大聖堂内にある聖女ヴェロニカの像［74〜75頁］。手にしているのは確かに聖顔布だ。左頁／過去に発行されたコイン。

ストさま、真《まこと》の神さま、さてはあなたのお顔はこのようでございましたか?」とその像が見えるかぎり、心の中で繰り返し繰り返しいうように〉（天国篇第三一歌　平川祐弘訳）

キリストがどのような顔であったのかは信者ならずともおおいに興味をそそられるが、遠路はるばるローマに詣でた巡礼たちは、さぞ聖顔を目のあたりにするのを心待ちにしたことだろう。

モンテーニュは一五八一年の復活祭にサン・ピエトロを訪れたが、かれの『旅日記』によれば、顕示されたヴェロニカを目にした群衆の熱狂ぶりは相当なもので、だれもがひれ伏し、泣き、叫び、しまいには狂い出す者が現れるほどであったという。

現在、サン・ピエトロに保存されているヴェロニカの聖顔布は真正のものではないと考えられているが、それでも四旬節（教会暦で灰の水曜日から復活祭前日までの春先の約四〇日）中の第五日曜日には、聖女ヴェロニカ像の上部から披露されることになっている。

どうなってるのヴァチカン・マネー

ヴァチカンは原則として営利目的の活動は行わないが、世界で最大の宗教組織の総本山であるだけに、その財政の仕組みは気になるところだ。この組織は、ローマ教会管区の責任者、ヴァチカン市国、そして教皇庁（法王庁、聖座）という三つの顔を持っているが、経済に関してもそれぞれの観点から見ることができる。

まず、教会行政上、ローマと近郊七司教区を束ねるローマ管区は、イタリア政府の助成を受けていて、財政基盤は安定している。

次に、ヴァチカン市国は、美術館の入場料、切手やコイン、絵葉書やカタログ、書籍、記念品の売り上げによって収入を得ている。工房で制作されるモザイク画など美術品の販売や出版活動も、市国の財政に多大な貢献をしている。美術館は世界に名だたる芸術作品であふれているが、それらが売却されることはないため、収入を生むどころか維持のために莫大な費用がかかる。しかしその分、世界中の人間がここを訪れてくれるのである。収益の一部は、ヴァチカン銀行ともいうべき「宗教事業協会」（IOR）を経由して、投資運用にあてられる。宗教事業協会は、一九二九年のラテラン条約締結［45頁］後、領土のほとんどを失った教皇庁にイタリア王国が支払った七億五〇〇〇万リラ（現時価にして約一〇〇〇億円）の補償金の一部を資本として設立された。一九八二年、イタリアのアンブロジアーノ銀行が不正融資事件をもとに破綻し、頭取が暗殺されるという騒動が起こったが、宗教事業協会はこの銀行から資金調達を受けるなど深い関係を持っていたために注目を浴びた。

最後に教皇庁だが、その収入源はふたつだけである。ひとつは市国の場合と同じく、一般企業の株など有価証券の運用によって得られる利益で、もうひとつは「聖ペテロ献金」とよばれる信者からの寄付金だ。この寄付金は、聖ペテロ聖パ

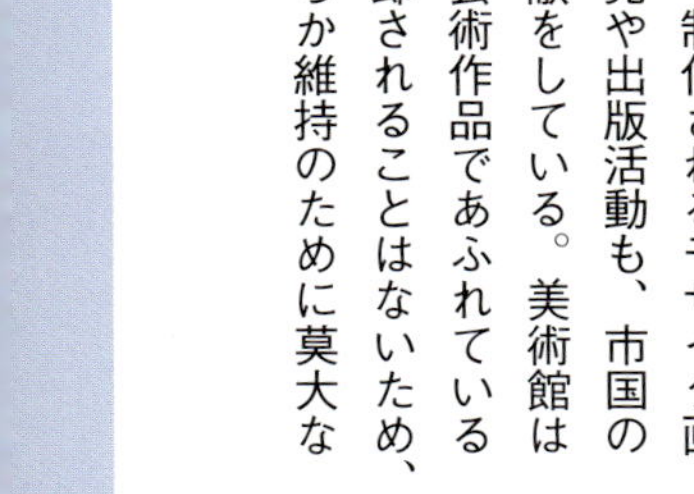

ウロの祝日（六月二九日）にあわせて世界中の教会で集められる。現在、インターネットなどを通じて、郵便や銀行の口座への振込みやクレジットカードでの献金も呼びかけられている。

イタリアの納税者は、所得税の「一〇〇〇分の八」を国内の特定の宗教組織または国の人道的活動に割り当てなければならない。近年では、その九割近くにあたる約一〇億ユーロがカトリック教会のものとなっている。神父の報酬や建物の維持など、イタリアの教会活動はこれに支えられている。もともと、ラテラン条約によりイタリア政府はカトリック教会の聖職者を養わなければならなかったが、イタリア政府と教皇庁の間で一九八四年に交わされた合意にもとづき「一〇〇〇分の八」が法として定められたのである。

ヴァチカンはEU加盟国ではないが、二〇〇二年一月からそれまで同じくリラを使っていたイタリアと同時にユーロを導入し、教皇の顔などをかたどった独自の硬貨を発行している。また、ほかの国と同様に、二ユーロの記念硬貨の造幣もおこなっている。

精鋭ぞろい、スイス衛兵の歴史

現在、わたしたちはヴァチカンの要所要所で警護にあたっている黄・青・赤の鮮やかな衣装をまとったスイス衛兵を目にすることができる。二〇世紀初頭によみがえったこの衣装のデザインはミケランジェロによるとも言われるが、確たる証拠はない。とはいえ、基本的にはルネサンス期のデザインが保たれているのは確かだ。

スイス衛兵の候補者となる資格は、スイス国籍を有するカトリック信者で、道徳的・倫理的に欠陥がなく、一九歳から三〇歳までの未婚者であること、身長は一七四センチ以上で専門職の免許か高校卒業資格を有し、スイスですでに軍事訓練を受けていること。隊長以下およそ一

容姿も端麗な衛兵たち。

○○名からなるこれら衛兵が二年から二五年の間、教皇に仕える。

スイス人の衛兵隊は、常設部隊として五〇〇年をこえる歴史を誇っている。フランスと神聖ローマ帝国がイタリアの支配権をめぐって相争う「イタリア戦争」が繰り広げられていた頃の一五〇六年、教皇ユリウス二世がスイスから兵士一五〇人をローマに導き入れたのが始まりだ。山がちで可耕地の乏しいスイスはヨーロッパ各国に傭兵を送り込むことを重要な産業にしていて、その精強さには定評があったのである。

スイス衛兵が示した教皇への篤い忠誠心と勇敢さをなにより雄弁に物語る出来事は、「ローマ劫掠《サッコ・ディ・ローマ》」であろう。一五二七年五月六日、フランスと手を組む道を選んだ教皇クレメンス七世（在位一五二三〜三四年）治下のローマに、神聖ローマ皇帝カール五世の軍隊が攻めこみ、殺戮と破壊、略奪と冒瀆のかぎりをつくした。一八九人のスイス衛兵たちの大半がサン・ピエトロ大聖堂の主祭壇の階段で命を落とし、生き残ったのはわずか四二人であったという。そして教皇は彼らに守られて、ヴァチカンからサン・タンジェロ城までのおよそ八〇〇メートルを、一三世紀に連絡と防護のために造られていた城壁上の通路を抜けて避難することができたのだ。

そして現在、五月六日は悲しみの日ではなく、決意をあらたにする日だ。毎年この日に新人衛兵たちの宣誓式が挙行される。衛兵たちは赤いダチョウの羽根飾りをあしらった兜《モリオン》と鎧をつけた盛装に身を包み、教皇宮殿内のサン・ダマソの中庭に集まる。まず礼拝堂付司祭によって「教皇に死を賭して仕え、上官に服従する」という誓いの定式が読みあげられる。それから、新兵は名前を呼ばれると一人ひとり前へ進み出る。左手で旗をつかみ、右手は父・子・聖霊を象徴する親指から中指までの三本指を伸ばし、宣誓したのち、神と聖人の加護を祈る。衛兵隊の守護聖人は聖マルティヌス、聖セバスティアヌス、そしてほかならぬスイスの守護聖人でもあるフリューのニコラウス。長い歴史を背負ったスイス衛兵たちは、これからも教皇への忠誠と自国の誇りを胸にヴァチカンに立ち続けることだろう。

ヴァチカンの日常生活

観光地としてでもなく、国際政治や外交の舞台としてでもないヴァチカンが見せる日常の姿は、どのようなものであろうか。

ヴァチカンには教皇から指名される市政管理者がいて、もっぱら市国の行政を教皇から任されているが、この人物は聖職者ではなく、政治や神学とは無関係に務めを果たしている。通りや庭園、美術館、郵便局、消防署、薬局、そして城壁外の建物や資産の維持管理、さらにスイス衛兵隊や宮殿警備隊、貨幣と切手の発

ヴァチカン発行の新聞は教皇のブロマイド付きで2ユーロ（2011年1月現在）。

行などの管理をつかさどっている。

　城壁の内と外では、それぞれ三〇〇〇人をこえる人びとが働いている。しかし、市民の資格を持っているのは、終身で雇用される職員とその配偶者および子どもの約八〇〇人にすぎない。職員のほとんどは市国内の居住権を持たず、市国外から通勤しているのだ。

　この国は男性だけの社会かと思われがちであるが、さにあらず、ここで働く女性も少なくない。ただし、女性といっても修道女たちである。彼女らは家政婦や料理人、電話交換手を務めているほか、古いタペストリーの修繕を任せられたりもする。サン・ピエトロ広場の東にはマザー・テレサの求めに応じて設立された貧困者の収容施設があり、修道女たちが数多くのホームレスのために夕食を用意している。

コレクターも多いヴァチカンの切手。郵便局では記念品の類も売っている。

　わずか〇・四四平方キロメートルの土地といえども、日常生活に欠かせない施設はそろっているものだ。郵便局には世界中から教皇に宛てた手紙が届く一方で、蒐集家や観光客が珍重するヴァチカンの切手が一八五二年から発行され続けている。郵便局の近くにはスーパーマーケットもあるが、そこに入るには厳格な身分証明書がなくてはならない。城壁の外に比べて食料品や嗜好品は税金がかからず、安価であるためらしい。
　独自のマスメディアもある。一八六一年のイタリア王国成立直後に創刊された機関紙「オッセルヴァトーレ・ロマーノ」は、イタリア語で毎日、七ヵ国語で週一回、ポーランド語で月一回発行されている。ラジオのヴァチカン放送は、ニュースや教皇の説教、ミサの中継から、ジャズなどの音楽番組にいたるまで、短波放送で世界中に届けている。この放送局は無線電信を完成させたことで知られる発明家グリエルモ・マルコーニ（1874〜1937）によって一九三一年に設置され、その後ローマの少し北に移っている。現在、四五ヵ国語、インターネットでは三八ヵ国語で情報を発信している。ヴァチカンのポリグロット（多言語）ぶりには目を瞠らざるをえない。
　ヴァチカンではサッカー熱も相当なものだ。以前から美術館職員や郵便局員、そしてスイス衛兵などがサッカー・チームをつくってボールを蹴りあっていたが、数年前には、聖職者や神学生などのチームが「聖職者《クレリクス》カップ」を争うリーグ戦まで始まった。ヴァチカンがカルチョ（サッカー）の国イタリアのただ中に位置しているという事実を何よりも雄弁に物語っている。

ヴァチカン年表

64年ごろ✣ペテロ殉教

313年✣コンスタンティヌス帝がミラノ勅令を発布してキリスト教を公認

326〜33年✣旧サン・ピエトロ大聖堂が建造される

392年✣テオドシウス帝が異教を禁止し、キリスト教が国教化される

440年✣レオ1世が即位、のちに東方の遊牧民フン族の王アッティラの侵入からローマを守る

756年✣フランク王ピピンが旧ビザンツ領を教皇に寄進、教皇領の起源となる

800年✣サン・ピエトロ大聖堂で、フランク王カール1世がローマ皇帝として戴冠［112〜113頁］

962年✣オットー1世、ローマ皇帝として戴冠

1059年✣ニコラウス2世の教令、教皇が枢機卿団によって選ばれることを規定

1077年✣グレゴリウス7世と司教叙任権をめぐり対立し、廃位・破門を宣告されていた皇帝ハインリヒ4世が、カノッサ城で贖罪をする（カノッサの屈辱）

1122年✣ヴォルムスの協約により叙任権闘争が終息

1215年✣インノケンティウス3世が第4回ラテラン公会議を開く

1274年✣第2回リヨン公会議、コンクラーヴェを規定

1300年✣ボニファティウス8世、最初の聖年を布告

1303年✣アナーニ事件。ボニファティウス8世、憤死

1309〜77年✣教皇庁がアヴィニョンに置かれる

1377年✣グレゴリウス11世、教皇庁をローマに戻し、ヴァチカンに居住

1378〜1417年✣ローマとアヴィニョンに教皇が並び立ち、教会大分裂（シスマ）

1452年✣ニコラウス5世、サン・ピエトロ大聖堂の再建を計画

1506年1月✣ユリウス2世、スイス衛兵の常設部隊を創設

1506年4月✣サン・ピエトロ大聖堂の再建が開始

1506年✣エスクイリーノの丘でラオコーン像が発見され、ヴァチカンで公開される（ヴァチカン美術館の始まりとされる）

1521年✣レオ10世がルターを破門

1527年5月✣神聖ローマ皇帝カール5世によるローマ劫掠（サッコ・ディ・ローマ）

1547年✣ミケランジェロ、サン・ピエトロ大聖堂の造営に参加

1626年11月18日✣サン・ピエトロ大聖堂が完成

1667年✣ベルニーニ、サン・ピエトロ広場を完成させる

1796年✣ナポレオン率いるフランス軍が教皇領に侵入

1798年✣ローマ共和国（〜1800年）の成立が宣言され、ピウス6世はローマを去る

1808年✣教皇領がフランスに併合される

1814年✣ピウス7世がローマに帰還、教皇領復活

1861年✣イタリア王国成立。教皇庁の機関紙「オッセルヴァトーレ・ロマーノ」創刊

1870年9月20日✣イタリア王国軍、ローマを占領

1929年✣ラテラン条約が結ばれ、ヴァチカン市国が誕生

1931年✣ヴァチカン放送局が開局

1962〜65年✣第2回ヴァチカン公会議

2000年✣大聖年（26回目の聖年）

2005年✣ヨハネ・パウロ2世が死去し、ベネディクト16世が即位する

主要参考文献
塩野七生『塩野七生　ルネサンス著作集6　神の代理人』新潮社　2001年
塩野七生『十字軍物語　1』新潮社　2010年
塩野七生『十字軍物語　2』新潮社　2011年
石鍋真澄『サン・ピエトロが立つかぎり　私のローマ案内』吉川弘文館　1991年
石鍋真澄『サン・ピエトロ大聖堂』吉川弘文館　2000年
石鍋真澄『ベルニーニ　バロック美術の巨星』吉川弘文館　2010年
石鍋真澄監修『ヴァチカン・ガイド　美術館と市国』ミュージアム図書　2003年
オラーツィオ・ペトロジッロ著『ヴァチカン市国』石鍋真澄・石鍋真理子訳　ミュージアム図書　1999年
アンドレア・ポメッラ著『ヴァチカン美術館　日本版』石鍋真澄・石鍋真理子訳
ミュージアム図書　2009年
マシュー・バンソン著『ローマ教皇事典』長崎恵子・長崎麻子訳　三交社　2000年
バート・マクダウェル著『バチカンの素顔』高橋健次訳　日経ナショナルジオグラフィック社　2009年
逸名作家著『西洋中世奇譚集成　東方の驚異』池上俊一訳　講談社学術文庫　2009年
トレイシー・ウイルキンソン著『バチカン・エクソシスト』矢口誠訳　文春文庫　2010年
マット・バグリオ著『ザ・ライト』高見浩訳　小学館文庫　2011年
G. Barraclough, *The Medieval Papacy,* London 1968
Enciclopedia dei papi, Roma 2000
Dictionnaire historique de la papauté, ed. Ph. Levillain, Paris 2003
A. Paravicini Bagliani, *Boniface VIII,* Paris 2003
The Vatican Museums, Sillabe s.r.l., 2010

写真
青木登　p1, 3, 8-9, 11, 14, 18, 21, 29, 32, 38, 42-43, 45右・中, 54, 56, 57上・右下, 60左上・下, 61, 62, 64-66, 67上, 68下, 69下, 70, 72-76, 78右, 79右, 80-82, 84, 86-91, 96-97, 100, 102-104, 105左・右下, 106下, 107-111, 114, 116左上, 118-119, 120下, 121, 128-129, 131, 133, 134, 136, 138-140
松藤庄平　p4-5, 16-17, 28, 30-31, 34, 35, 41, 44, 45左, 48, 50-51, 55, 58-59, 60右上, 67下, 68上・中, 71, 77, 78左, 79左, 85, 94右, 115, 116右下, 117, 120上, 127右中・左, 137
広瀬達郎　p63, 101, 105右上, 106上2点, 112-113, 135
筒口直弘　p2, 26-27, 144
藤崎衛　p46, 94左上・下
平松玲　p57左下
Pool, Getty Images News　p6-7
Vittoriano Rastelli/CORBIS/amanaimages　p13
Photo SCALA, Florence　p69上, 92, 132
PPS通信社　p122-123, 124, 125, 126, 130

ブックデザイン
大野リサ+川島弘世

図版制作
網谷貴博+村大聡子（アトリエ・プラン）　p24-25, 33右, 39, 53, 98-99

シンボルマーク
久里洋二

「とんぼの本」は、美術、歴史、文学、旅をテーマとするヴィジュアルの入門書・案内書のシリーズです。創刊は1983年。シリーズ名は「視野を広く持ちたい」という思いから名づけたものです。

とんぼの本

ヴァチカン物語《ものがたり》

発行　2011年6月25日
6刷　2025年6月30日

著者　塩野七生《しおのななみ》　石鍋真澄《いしなべますみ》　ほか
発行者　佐藤隆信
発行所　株式会社新潮社
住所　〒162-8711 東京都新宿区矢来町71
電話　編集部 03-3266-5381
読者係 03-3266-5111
ホームページ　https://www.shinchosha.co.jp/tonbo/
印刷所　半七写真印刷工業株式会社
製本所　加藤製本株式会社
カバー印刷所　錦明印刷株式会社

ISBN978-4-10-602218-0 C0326